Die Regiebetriebe der Gemeinden

Eine Kritik der gleichnamigen Broschüre des Verbandes der Gemeinde- und Staatsarbeiter als Beitrag zur Frage der Betätigung der öffentlichen Hand auf wirtschaftlichem Gebiet

von

Dipl.-Ing. **Hans Ludewig**
Berlin

Berlin
Verlag von Julius Springer
1927

ISBN-13: 978-3-642-94028-6 e-ISBN-13: 978-3-642-94428-4
DOI: 10.1007/978-3-642-94428-4

I. Die Umfrage des Verbandes der Gemeinde- und Staatsarbeiter[1].

Der Verband der Gemeinde- und Staatsarbeiter hat einer Reihe „hervorragender, in langjähriger Praxis stehender Kommunalpolitiker und Betriebsleiter“ eine Anzahl von Fragen vorgelegt, um deren „ungeschminktes Urteil“ über die Zweckmäßigkeit des Regiebetriebes der Gemeinden zu erfahren. Angeregt zu dieser Umfrage wurde der Verband nach dem Vorwort der Broschüre durch die Tatsache der immer weiter um sich greifenden Ansicht, „daß werbende Betriebe nach privatwirtschaftlichen bzw. kaufmännischen Grundsätzen geführt werden müssen, wenn sie zweckmäßig betrieben und leistungsfähig erhalten bleiben sollen. Es treten nun hier und dort Männer auf den Plan, die in Zeitschriften und Versammlungen, auf Konferenzen und Kongressen den Beweis zu führen versuchen, daß die Regiebetriebe infolge der Schwerfälligkeit ihrer Verwaltung nicht zu voller Leistungsfähigkeit gelangen und mit gleichen Betrieben der Privatwirtschaft niemals konkurrieren könnten. Wie weit diese Männer aus wirklicher Sachkunde und ohne Vorurteile und unter Hintanstellung persönlicher Interessen urteilen, bzw. geurteilt haben, bleibe dahingestellt.“ Die Ansicht dieser mit dem Verbandsausdruck „sogenannter Wissenschafter“ bezeichneten Männer also will der Verband widerlegen und er wendet sich zu diesem Zweck an eine Reihe „führender“ Kommunalpolitiker und Betriebsleiter. Wie das Vorwort der Broschüre die Sachkunde der Vertreter der Ansicht über die Unzulänglichkeit und Unzweckmäßigkeit des Regiebetriebes ununtersucht lassen will, so sei auch hier die „Führer-“ Rolle der von dem Verband befragten Persönlichkeiten nicht wei-

[1] „Die Regiebetriebe der Gemeinden im Urteil führender Kommunalpolitiker und leitender Fachmänner.“ Verlag: Verband der Gemeinde- und Staatsarbeiter, Berlin 1927.

ter erörtert. Nur das eine sei gesagt: es mögen sich unter ihnen eine Anzahl politisch führender Persönlichkeiten befinden. Namen dagegen, die auf dem Gebiete der Elektrowirtschaft wirklich führend sind, und die vor allem die Vorteile und Nachteile der beiden Unternehmungsformen aus der Praxis kennen, sind nicht vertreten. Was aber die befragten politisch führenden Männer angeht, so gehören sie zum großen Teil einer Partei an, für die die „Sozialisierung der Betriebe" ein hervorragender Programmpunkt ist, ihr Urteil ist also nur mit Vorsicht zu bewerten. Die politische Einstellung solcher Persönlichkeiten bringt es ganz zwangläufig mit sich, daß bei der Beurteilung der vorgelegten Fragen wirtschaftliche Überlegungen gegenüber parteipolitischen zurücktreten mit dem Ergebnis eines extrem doktrinären Urteils, das für die Praxis wertlos, höchstens ein theoretisches Interesse beanspruchen kann. Das würde selbstverständlich auch für die rein individualistische Richtung zutreffen, die jede wirtschaftliche Betätigung ausschließlich dem Privatkapital überlassen will. Mit den Anhängern beider extremen Richtungen zu diskutieren, ist völlig fruchtlos und kann zu einer Klärung der Frage niemals beitragen. Für die richtige Beurteilung der Arbeit des Verbandes aber erscheint es auch nicht unwichtig, darauf hinzuweisen, daß der Verband mit seiner Umfrage vermutlich eine ganz bestimmte Tendenz verfolgt hat und auch verfolgen mußte. Da er die in Gemeinde- und Staatsbetrieben beschäftigten Arbeiter umfaßt, würde jede Entkommunalisierung der Betriebe eine Schwächung seiner Gewerkschaft bedeuten. Abgesehen von der Verteidigung des sozialistischen Dogmas der Sozialisierung der Betriebe, besitzt er ein sozusagen persönliches Interesse daran, die Ansichten solcher Persönlichkeiten zusammenzutragen, deren Stellungnahme zu der Frage schon mit Rücksicht auf ihre politische Einstellung oder auf die Art ihrer Stellung und Tätigkeit in den Rahmen der Bestrebungen des Verbandes paßt und die von vornherein kaum zweifelhaft war. Denn ganz abgesehen von politischen Beeinflussungen ist es rein menschlich durchaus verständlich, wenn der Leiter einer Kommune oder eines Werkes derjenigen Betriebsform der Öffentlichkeit gegenüber den Vorzug vor jeder anderen gibt, die gerade er verwaltet; das wird er schon aus persönlichen Gründen zur Vermeidung von Vorwürfen tun. Auf diese Tendenz dürfte auch wohl die Auswahl der befragten Persönlichkeiten zurückzuführen sein, wobei allerdings die Frage offenbleibt, ob nicht der Kreis der Befragten ursprünglich ein weit größerer war, als in der Broschüre angeführt, und ob nicht eine Anzahl der Befragten die Beantwortung überhaupt schuldig geblieben ist.

Der Verband legte seinen Gewährsleuten folgende vier Fragen vor, von denen in den nachstehenden Ausführungen die ersten drei als besonders wichtig näher behandelt seien:

1. Ist es für die Stadtverwaltung zweckmäßig, werbende Betriebe, wie Gas-, Wasser- und Elektrizitätswerke und Straßenbahnen, in eigener Regie zu betreiben?

Wenn ja — aus welchen Gründen?

Wenn nein — weshalb nicht?

2. Welche Verwaltungsform der obengenannten Betriebe ist nach Ihren Erfahrungen die zweckmäßigste?

3. Halten Sie gemischtwirtschaftliche Betriebe für leistungsfähiger als reine Kommunalbetriebe?

Wenn ja — aus welchen Gründen?

Wenn nein — weshalb nicht?

4. Wie stehen Sie zur Frage der Nebenbetriebe der Gas-, Wasser- und Elektrizitätswerke (also eigene Installationsgeschäfte, Reparaturwerkstätten usw.)? Welche Vorteile bringt den Kommunen die eigene Unterhaltung der Nebenbetriebe — welche Nachteile?

Zu diesen Fragen äußern sich 18 Oberbürgermeister, Bürgermeister, Stadträte, Kämmerer und sonstige Kommunalpolitiker, darunter der bekannte Wissenschaftler Prof. Dr. Lindemann, Köln, sowie 14 Leiter kommunaler Betriebe, und zwar mit dem Gesamtergebnis, daß die überwiegende Mehrzahl der Befragten den reinen, bzw. den verbesserten Regiebetrieb befürwortet, und daß nur wenige der befragten Gutachter den gemischtwirtschaftlichen Betrieb, und zwar auch nur unter ganz bestimmten Voraussetzungen gelten lassen wollen.

II. Allgemeine Äußerungen führender Politiker und Wirtschaftler gegen den Regiebetrieb.

Bevor auf Einzelheiten in der Beantwortung der gestellten Fragen eingegangen wird, seien einige Äußerungen anderer Persönlichkeiten angeführt, die ganz allgemein zeigen, daß das Ergebnis der Umfrage zum mindesten recht einseitig und deshalb anfechtbar ist, und daß sogar in den Kreisen sozialistisch orientierter Persönlichkeiten die durch die Umfrage dokumentierte Ansicht der Gewährsleute des Verbandes der Gemeinde- und Staatsarbeiter keineswegs allgemein Eingang gefunden hat. Beispielsweise faßte der sozialistische frühere Reichswirtschaftsminister Wissel seine Ansicht über die Betätigung der öffentlichen Hand auf wirtschaftlichem Gebiet im „Hamburger Echo" wie folgt zusammen:

„Der Staat soll nur der oberste Sachverwalter der Volks-"
„gemeinschaft sein, die oberste Aufsicht über die Gemein-"
„schaft führen und Interessengegensätze mit Weisheit und"
„Gerechtigkeit ausgleichen. Er soll jedoch mit seinen starren"
„Formen, mit seinen zwar ehrlichen, aber doch recht oft un-"
„geschickten Fingern nicht in den feinen Organismus unseres"
„Wirtschaftslebens eingreifen. Er mag das geschäftliche Han-"
„deln denen überlassen, die durch ihre Zugehörigkeit zum"
„betreffenden Wirtschaftszweig Verständnis für die Bedürf-"
„nisse desselben besitzen."

Dr. August Müller äußerte sich bereits im Jahre 1919, also zu einer Zeit, in der der Ruf nach Sozialisierung der Betriebe das Schlagwort des Tages war, im „Vorwärts" vom 30. Mai folgendermaßen:

„Das entscheidende Moment der Sozialisierung ist die Er-"
„höhung der Produktion unter größtmöglicher Schonung der"
„Arbeitskraft. Jede Sozialisierungsmethode, die das Gegen-"
„teil bewirkt, bedeutet den Untergang des deutschen Volkes."
„Mit der größten Vorsicht ist an die Schaffung von Reichs-"
„und Staatsbetrieben zu gehen. Die Unternehmer kann"
„man nicht ausschalten. Ihre Sachkenntnis und"
„Erfahrung kann man nicht entbehren."

Eine völlige Absage in krassester Form an die Bureaukratie der öffentlichen Hand richtete der führende Nationalökonom der S. P. D., Dr. Hilferding, auf dem Parteitag in Heidelberg im Jahre 1925, indem er sagte:

„Im schärfsten Gegensatz zu der Annahme, daß die Staats-"
„bureaukratie die Wirtschaft leiten könne, hätten sie erkennen"
„müssen, daß die Leitung der Wirtschaft beruhen müsse auf"
„der Produktion selbst . . ."

Es ist ferner recht bezeichnend, daß der dem Verbande der Gemeinde- und Staatsarbeiter als extremer Verfechter des Sozialisierungsgedankens gewiß unverdächtige Baurat Alfons Horten in seiner Denkschrift über die Umwandlung der technischen Betriebe der Stadt Berlin folgende Äußerung der Sozialisierungskommission über die Verwaltung der Betriebe der öffentlichen Hand anführt:

„Überhäufung der qualifizierten Beamten mit kleinen Ar-"
„beiten, Einengung der freien Betätigungsmöglichkeit, weit-"
„gehender Mangel an Verantwortungsfreudigkeit in finan-"
„ziellen Fragen, vervielfachtes Vorgesetztenverhältnis bis"
„hinauf zum Parlament, jahrelanges Verhandeln über Fra-"
„gen, die in der Privatindustrie in wenigen Stunden ent-"
„schieden werden, kurz in allem Kontrolle über Kontrolle"
„statt Vertrauen und Anreiz zu selbständigem Handeln, das"
„sind die Kennzeichen dieser Organisationen, in denen selbst"
„die Tüchtigsten, Erfahrensten und Interessiertesten nur"
„mit größter Einschränkung einen befriedigenden Wirkungs-"
„kreis finden, und in die selbst der Ehrgeiz und das Pflicht-"
„gefühl preußischen Beamtentums eine wirklich wirtschaft-"
„liche Orientierung niemals bringen können."

Daß sich Horten diese, von der Sozialisierungskommission geäußerte Ansicht völlig zu eigen macht, geht aus seinem Buche „Sozialisierung und Wiederaufbau" (Verlag Neues Vaterland, Berlin W 62) hervor, in dem er das Versagen der Betriebe der öffentlichen Hand damit erklärt,

„daß der Staat es für notwendig und gut befunden hat,"
„die wirtschaftlichen Betriebe in die Zwangsjacke des Staates"
„hineinzupressen, dessen Beamten-, Verwaltungs- und Etat-"
„wesen seiner Natur nach vollständig ungeeignet ist als Betriebs-"
„form für einen vernünftigen Wirtschaftsbetrieb zu dienen."

Während sich die bisher angeführten Äußerungen auf die wirtschaftlichen Betriebe der öffentlichen Hand ganz allgemein beziehen, behandeln die Schüler des ebenfalls durchaus munizipalsozialistisch eingestellten Prof. Fuchs, Tübingen, nämlich Dr. Joh. Kopsch[1] und Dr. Karl Schmidt[2], im besonderen die Gemeinde-

[1] Kopsch: Interkommunale Unternehmungen in Deutschland. Berlin 1913.

[2] Schmidt: Das Rentabilitätsproblem bei der städtischen Unternehmung. Stuttgart 1915.

betriebe. Kopsch kommt dabei bezüglich des von den Gutachtern des Gemeinde- und Staatsarbeiterverbandes so warm befürworteten reinen Regiebetriebes schon im Jahre 1913 zu folgendem Ergebnis:

„Wenn man bedenkt, daß die Städteordnung für die Städte“
„von der Bedeutung Berlins dieselben Verwaltungsnormen“
„gelten läßt, wie für irgendein kleines Landstädtchen, so“
„gewinnt im Hinblick auf die neueste Entwicklung der Wirt-“
„schaftspflege der großen Städte das Problem einer Reform“
„der Verwaltung ihrer gewerblichen Unternehmungen mehr“
„und mehr an Bedeutung.“

Und Schmidt folgt dieser Ansicht, indem er sagt:

„In dem Eigenbetriebe industrieller Unternehmungen ins-“
„besondere entfalten die Städte eine ausgesprochene Unter-“
„nehmertätigkeit, die prinzipiell andere Normen als die reine“
„Verwaltungstätigkeit erfordert. Diesen Erfordernissen wird“
„die Wirklichkeit nicht gerecht. Die Fesseln des allgemeinen“
„Gemeinderechts wirken in vieler Hinsicht nachteilig auf die“
„Unternehmung ein.“

Der von Kopsch erhobenen Forderung auf Umgestaltung des Gemeinderechts ist inzwischen insofern Rechnung getragen, als § 73 des Entwurfes einer preußischen Städteordnung vorsieht, daß durch Gemeindebeschluß die Verwaltung der gewerbsmäßigen Betriebe in einer von den sonstigen Vorschriften der Gemeindeverfassung abweichenden Weise in der Art beweglicher gestaltet werden kann, daß

1. die Betriebe im Haushaltplan der Gemeinde nur mit dem voraussichtlichen Gewinn oder Verlust erscheinen,
2. die Zuständigkeit der Gemeindevertretung auf die wichtigsten Beschlüsse beschränkt werden kann.

Insbesondere der zweite Punkt dieser den Gemeinden gewährten Ermächtigung stößt bei vielen Gemeindevertretern auf ganz entschiedenen Widerstand und er scheint auch für eine Reihe der von dem Gemeindearbeiterverband befragten Gutachter entscheidend für die Befürwortung des reinen Regiebetriebes gewesen zu sein. Aus diesem Grunde haben die soeben wiedergegebenen Äußerungen von Kopsch und Schmidt auch heute noch eine erhebliche Bedeutung.

Schließlich sei noch auf eine für die allgemeine Beurteilung der Frage wertvolle Arbeit: „Kommunale gewerbliche Unternehmungen als Kampfmittel gegen die finanzielle Notlage der deutschen Städte" von Dr.-Ing. W. Majerczik (Berlin 1919, Verlag Julius Springer) hingewiesen, und zwar um so mehr, als auch dieser Verfasser der S. P. D. angehört, von ihr in den Aufsichtsrat der rein kommunalen Berliner Elektrizitätswerke-A. G. delegiert wurde und in der sozialistischen Literatur eine gewisse Rolle als Sachverständiger auf elektrowirtschaftlichem Gebiet spielt. Wie der Verfasser in der Einleitung zu seiner Arbeit sagt, ist

„Gegenstand der Untersuchung die finanzielle Bedeutung" „der gewerblichen Unternehmungen für den Haushalt der" „Städte,"

und er führt die Untersuchung so, daß er die kommunalen Werke auf der einen, die gemischtwirtschaftlichen und privaten Unternehmungen auf der anderen Seite hinsichtlich ihres wirtschaftlichen Erfolges vergleicht. Er kommt dabei zu folgendem Ergebnis:

„... Damit seien die Vergleiche zwischen den beiden Unter-" „nehmungsformen abgeschlossen. Sie zeigen, wie man zu-" „geben muß, eine Überlegenheit der privatgeleiteten über" „die anderen Betriebe. Dieses ist um so bemerkenswerter als" „die Städte im allgemeinen die wirtschaftlich besseren Objekte" „in eigener Regie behalten, während sie bei den schlechteren" „geneigt sind, sie den Privaten zu überlassen. Da die Unter-" „suchungen alle zu dem gleichen Ergebnis führen, obgleich" „sie auf verschiedene Unternehmungsarten sich erstrecken," „von verschiedenen Verfassern und nach verschiedenen Me-" „thoden angestellt sind, so kann man wohl von einer Über-" „legenheit des einen Systems über das andere sprechen. Dar-" „aus aber läßt sich weiter schließen, daß selbst kommunale" „Unternehmungen mit günstigem Ergebnis durch eine auf" „der Höhe der Leistungsfähigkeit stehende Betriebsfüh-" „rung nach privatwirtschaftlichen Gesichtspunkten zu noch" „besseren Resultaten gebracht werden können. Auf dem" „Boden dieser Überzeugung stehen, auch ohne den umständ-" „lichen Apparat der obigen Beweisführung, alle diejenigen," „die Gelegenheit hatten, die Bewirtschaftung der gewerb-" „lichen Unternehmungen in bureaukratischer und privater Ver-" „waltung wirklich kennenzulernen und zu vergleichen."

Gerade auf Grund dieser soeben erwähnten Kenntnis der beiderseitigen Betriebssysteme, die sich der Verfasser in Theorie und jahrelanger Praxis in umfassender Weise erworben hat, kommt er zu einer eindringlichen Empfehlung der gemischtwirtschaftlichen Unternehmungsform. Man wird sich unbedingt seiner Ansicht anschließen müssen, daß diejenige Betriebsform den Vorzug vor jeder anderen besitzt, die der Allgemeinheit die größeren Vorteile bringt. Darüber aber sagt Majerczik in dem Vorwort zu seiner Arbeit folgendes:

„Die gemischtwirtschaftliche Unternehmungsform gibt“ „der Privatindustrie Einfluß auf Betriebe, die ihr bisher,“ „soweit es sich um rein öffentliche Verwaltungen handelte,“ „nicht unterstellt waren. Mancher mag es für befremdlich“ „halten, die Ausdehnung des privaten Elementes in einem“ „Augenblick zu befürworten, wo die soziale Revolution daran“ „arbeitet, den privaten Charakter der Wirtschaft einzudämmen“ „oder gar aufzuheben. Demgegenüber weise ich zunächst“ „darauf hin, daß die Heranziehung der Industrie nicht als“ „ein Rückschritt von der öffentlichen zur privaten Bewirt-“ „schaftung gedacht ist. Die Privaten sollen nur als dienende“ „Glieder helfen, die mit den Werken verknüpften allgemeinen“ „wirtschaftlichen Interessen zu fördern. Weiter bemerke ich,“ „daß zwischen der Einführung der gemischtwirtschaftlichen“ „Unternehmungsform und dem Verlangen nach Sozialisierung“ „der Betriebe kein Widerspruch besteht, sofern unter So-“ „zialisierung verstanden wird: die Abänderung der Beziehun-“ „gen zwischen Unternehmen einerseits, der Allgemeinheit,“ „sowie den Angestellten und Arbeitern andererseits, zum“ „Vorteil der letzteren.“

III. Die angebliche Monopolstellung der Regiebetriebe.

Mit diesen Feststellungen von Persönlichkeiten, die vielleicht noch mehr als die Gutachter des Gemeindearbeiterverbandes als „führend“ bezeichnet werden können, ist bereits gezeigt, wie anfechtbar das Ergebnis der Umfrage ist, und zwar dürften diese Äußerungen um so schwerer wiegen, als sie aus dem Lager einer politischen Partei stammen, für die die Sozialisierung eine außerordentlich wichtige programmatische Rolle spielt. Wenn man sich trotzdem noch Einzelheiten in der Beantwortung der Umfrage zuwendet, so ist festzustellen, daß für fast alle Beantworter der vorgelegten Fragen der Hauptgrund für die Beibehaltung bzw. die Einführung des Regiebetriebes der ist, daß es sich bei den gewerblichen Unternehmungen der Gemeinden um Monopolbetriebe handelt, bei denen, um mit den Worten des befragten ersten Bürgermeisters Ritter, Mannheim, zu sprechen,

„eine Preisbildung durch gleichzeitigen Wettbewerb meh-“
„rerer Unternehmer nach allgemeinwirtschaftlichen Grund-“
„sätzen nicht möglich ist.“

Diese Behauptung ist nur sehr bedingt richtig. Richtig, und zwar auch nur unter ganz gewissen Voraussetzungen, ist sie, wenn das einzelne, lokalbegrenzte Versorgungsgebiet in Verbindung mit dem Besitzrecht der Wege und Straßen betrachtet wird, unrichtig dagegen ist sie, wenn die Elektrizitätsversorgung als Ganzes und die elektrische Energie einfach als Handelsobjekt berücksichtigt wird. Es wird wohl kaum eines Beweises bedürfen, daß hinsichtlich der Preise bei den Elektrizitätswerken untereinander ein gewisser Wettbewerb besteht, nicht insofern, als das eine Werk durch eine niedrigere Preisstellung seiner Ware die Kunden eines anderen zu gewinnen sucht — was selbstverständlich nicht möglich ist —, sondern in dem Sinne, daß das eine Werk seine Preise denen seiner Nachbarwerke anzugleichen gezwungen ist. Hierfür sorgt schon der „Druck der öffentlichen Meinung“. Herr Bürgermeister Ritter mag sich nur einmal die Schwierigkeiten vorstellen, die er in seinen städtischen Körperschaften haben würde, wenn er beispielsweise einen Strompreis von 80 Pf. erheben würde, während sich das benachbarte private Werk Darmstadt mit einem Preise von 40 Pf. begnügen würde. Wenn aber der monopolartige Charakter der Elektrizitätsversorgung damit begründet wird, daß eine Preisbildung nach allgemein wirtschaftlichen Gesichtspunkten unmöglich sei — eine Ansicht, die allerdings zum Schaden der kommunalen Werke Gemeingut von fast allen Anhängern des Regiebetriebes ist —, so ist das ein gefährlicher Irrtum. Richtig ist an dieser These nur das, daß der Preis des elektrischen Stromes nicht dadurch beeinflußt werden kann, daß die Möglichkeit besteht, von anderer Seite billigeren Strom zu beziehen. Damit aber ist die Konkurrenz als solche und somit die Preisbildung nach allgemein wirtschaftlichen Gesichtspunkten ja keineswegs ausgeschaltet, ganz abgesehen davon, daß sich der

Preis einer jeden Ware nach der Wertschätzung richtet, die sie in den Kreisen der Konsumenten besitzt, daß also eine obere Preisgrenze bereits durch diese Wertschätzung gezogen ist. Die Richtigkeit dieser Ansicht wird auch von den wirtschaftlich denkenden Anhängern der Sozialisierungs- und Kommunalisierungstheorie anerkannt. Beispielsweise sagt Dr. Majerczik in seinem bereits erwähnten Buche hierüber folgendes:

„Die kommunalen Werke — das unterscheidet sie von den" „großen öffentlichen Unternehmungen der Post, der Eisen-" „bahn und dgl. — sind durchaus keine reinen Monopol-" „betriebe; sie sind vor Konkurrenz nur in begrenztem Maße" „geschützt. Kohle, Petroleum, Benzin, Benzol und Spiritus" „in ihrer Anwendung als Petroleum- oder Spirituslampe, als" „Dampfmaschine, Spiritus- oder Benzinmotor, als Auto-" „droschke wie als Motoromnibus sind wirtschaftliche Geg-" „ner der öffentlichen Unternehmungen. Gerade die kleinsten" „wie die größten Abnehmer — das gilt besonders für die Licht-" „und Kraftwerke — werden bei zu hohen Tarifen sich anderen" „Energiearten und Bezugsquellen zuwenden. Die kleinsten Ab-" „nehmer werden zur Petroleum- oder Spiritusbeleuchtung und" „zur Herdfeuerung übergehen, die größten Abnehmer werden" „eigene Dampfmaschinen oder Gasmotorenanlagen aufstellen."

„Das eben beschriebene Konkurrenzverhältnis bestand" „zwar auch schon vor dem Kriege; es trat aber nicht sehr" „kraß in die Erscheinung. Der wirtschaftliche Aufschwung" „gestattete der Bevölkerung elektrisches Licht zu brennen" „oder mit Gas zu kochen, ohne allzu ängstlich nach dem" „Preis zu fragen. Die Abnehmer werden in Zukunft, unter" „dem gestiegenen Druck der Verhältnisse, ungleich sorg-" „fältiger rechnen müssen als früher. Zu hohe nicht wett-" „bewerbsfähige Tarife werden einen Rückgang des Absatzes" „und damit Einnahmeausfälle zur Folge haben."

Außerordentlich bemerkenswert ist auch das Urteil des Generaldirektors Ahlen, des Leiters der städtischen Werke in Köln (vgl. „Die Zukunftsaufgaben der deutschen Städte" von Mitzlaff-Stein, Berlin 1925, Deutscher Kommunal-Verlag), der zu folgendem Ergebnis kommt:

„Grundbedingung für die Existenzberechtigung zentraler" „Versorgungsanlagen ist Konkurrenzfähigkeit gegenüber den"

„sogenannten Eigenanlagen. Sie sollen die letzteren, auch“ „die größeren und größten, ersetzen, dadurch die Investie-“ „rung von Kapitalien auf ein Minimum beschränken und“ „darüber hinaus durch möglichst vorteilhafte Belieferung“ „Gewerbe und Industrie in ihrem Existenzkampf unter-“ „stützen. Elektrizitätswerke, die nicht in der Lage sind,“ „die mittleren und größeren gewerblichen Betriebe als Konsu-“ „menten zu gewinnen, sind auch nicht imstande, ihre Aufgaben“ „auf sozialem und finanziellem Gebiete zu erfüllen. Ganz“ „irrig ist die verbreitete Meinung, es handele sich um ein“ „monopolartiges Gebilde. Dem öffentlichen Werke stehen“ „die zahlreichen größeren Einzelanlagen gegenüber, die“ „lediglich durch konkurrenzfähige, billige Preise als Konsu-“ „menten gewonnen werden können. Zur Heranziehung der“ „Großverbraucher aber gehört in erster Linie Beweglichkeit und“ „Anpassungsfähigkeit der Preise und Lieferungsbedingungen.“ Wie abwegig und gefährlich die bei den Anhängern des Regiebetriebes festgewurzelte Ansicht ist, es handele sich bei der Elektrizitätsversorgung um ein Monopol, bei dem eine Preisbildung nach allgemeinwirtschaftlichen Grundsätzen nicht möglich sei, zeigen auch die neuesten Feststellungen des Statistischen Reichsamts (vgl. Wirtschaft und Statistik 1927 S. 495ff.), die zum ersten Male auch die Eigenanlagen berücksichtigen. Das Ergebnis dieser Produktionserhebung zeigt die nachstehende Tabelle, die nicht nur für die Beurteilung der Monopolfrage von besonderem Wert ist:

Tabelle I. Stromabgabe an die Verbraucher

Verbraucher	Aus Eigenanlagen der Verbrauche kWh	Durch Verkauf kWh	Zusammen kWh	Anteil der Eigenanlagen am Gesamtverbrauch vH
Eigenanlagen . . .	502054916	—	502054916	100,0
Industrie- und gewerbliche Anlagen	8678901710	6014049824	14692951534	50,0
Landwirtschaft . . .	14312786	450657750	464970536	3,1
Bahnen	215955990	786846703	1002802783	21,5
Sonstige Verbraucher	265323288	1407990349	1673313637	15,8
Zusammen . .	9676548690	8659544716	18336093406	52,0

Durch diese Produktionserhebung des Statistischen Reichsamts ist also festgestellt, daß die Befriedigung des Strombedarfs keineswegs allein von den öffentlichen Elektrizitätswerken abhängig ist, daß vielmehr der größere Teil des gesamten Strombedarfs durch die sogenannten Eigenanlagen gedeckt wird. Damit aber ist der Beweis erbracht, daß es sich bei der Elektrizitätsversorgung durchaus nicht um ein Monopol, jedenfalls nicht um ein tatsächliches Monopol handelt, sondern daß von einem solchen lediglich in Verbindung mit dem Besitzrecht an den Wegen und Straßen gesprochen werden kann.

Die oben wiedergegebene Tabelle läßt keine Folgerung darüber zu, welche der hier in Frage stehenden Unternehmungsformen die soeben zitierte Forderung Ahlens bezüglich der Belieferung der industriellen Großverbraucher am besten erfüllt. Zieht man jedoch die Statistik der Elektrizitätswerke, in der die Stromabgabe an diese Abnehmerkategorie besonders aufgeführt ist, zur Ergänzung heran und berücksichtigt sämtliche in dieser Statistik aufgeführten, unmittelbar an die Verbraucher liefernden Werke, nämlich 562 auf der kommunalen und 400 auf der privaten bzw. gemischtwirtschaftlichen Seite, so ist festzustellen, daß die Privatwerke rund 80 vH ihrer gesamten Stromerzeugung an die Industrie liefern, während das für die kommunalen Werke nur mit 69 vH zutrifft. Diese Zahlen gewinnen einen noch größeren Wert, wenn man berücksichtigt, daß die Großstädte — der hauptsächlichste Sitz der industriellen Großabnehmer — fast ausschließlich eine Domäne der kommunalen Stromversorgung sind, während sich die privaten Werke — wie auch Majerczik festgestellt hat — ganz allgemein mit den wirtschaftlich ungünstigeren Objekten begnügen müssen. Das zeigt übrigens auch die erwähnte Statistik, aus der entnommen werden kann, daß in den von den kommunalen Werken versorgten Gebieten die Bevölkerungsdichte 276 Einwohner je Quadratkilometer beträgt, während sie in den von privater Seite versorgten Gebieten nur 75 Einwohner je Quadratkilometer erreicht. Benutzt man also den von Ahlen gegebenen Maßstab zur Beurteilung der einzelnen Unternehmungsformen in sozialer und finanzieller Hinsicht, so muß daraus, daß es die Privatwirtschaft verstanden hat, die in ihrem Versorgungsgebiet gegenüber dem kommunal versorgten Gebiet nur spärlich vertretene Industrie fast restlos anzuschließen, geschlossen werden, daß die erstgenannten den Werken der öffentlichen Hand weit überlegen sind.

IV. Die Leistung der Regiebetriebe und der privaten Unternehmung in sozialer und kultureller Hinsicht.

Mit der obenstehenden Feststellung dürfte einer der Hauptgründe, auf die sich die Anhänger des Regiebetriebes immer wieder stützen, ad absurdum geführt sein und damit dürfte gleichzeitig auch die Behauptung abgetan sein, daß die Gas-, Wasser- und Elektrizitätswerke und Straßenbahnen in der öffentlichen Hand in weit höherem Maße und weit besser kulturelle Aufgaben zu erfüllen vermögen als in der Hand der privaten Wirtschaft. Eine kulturelle und soziale Aufgabe von höchster Bedeutung ist es zweifellos, die dünn bevölkerten Gebiete, die normalerweise auch die wirtschaftlich schwächeren sind, mit Strom zu versorgen. Diese Aufgabe aber haben nicht die Werke der öffentlichen Hand, sondern in erster Linie die der Privatwirtschaft erfüllt. Auch das ist aus dem „Verzeichnis der Elektrizitätswerke Deutschlands" und der bereits erwähnten „Statistik der Elektrizitätswerke" (Verlag beider Werke: Vereinigung der Elektrizitätswerke, Berlin) in Verbindung mit den Ergebnissen der letzten Volkszählung beweisbar. Dieser Beweis ist in der Form der nachstehenden Tabelle 2 niedergelegt, die zeigt, daß nicht nur hinsichtlich der Großstädte, sondern überhaupt, soweit es sich um dichtbebaute städtische Versorgungsgebiete handelt, die Werke der öffentlichen Hand weit besser gestellt sind als die privaten Unternehmungen. Während die kommunalen Betriebe von der rein städtischen Bevölkerung (bei Städten über 10000 Einwohner) mit einer Gesamtstärke von 28993195 Einwohnern der Anzahl nach 58 vH, der Bevölkerung nach sogar 77 vH versorgen, begnügen sie sich hinsichtlich der Versorgung der überhaupt angeschlossenen Landstädte und Gemeinden unter 10000 Einwohner mit 36 vH und überlassen 64 vH dieser dünnbesiedelten und wirtschaftlich schwachen Gebiete der Fürsorge der Privatwirtschaft. Berücksichtigt man, daß die Versorgung dieser Ortschaften schon durch die Beschaffung der umfangreichen Leitungsanlagen, sowohl auf den einzelnen Abnehmer, als auch auf den Anschlußwert und den Stromverbrauch bezogen, weit höhere Anlagekosten erfordert als die Strombelieferung eines dichtbesiedelten städtischen Gebietes; berücksichtigt man ferner, daß der Konsument in ländlichen Gebieten erfahrungs-

Tabelle 2.

	Anzahl überhaupt	Einwohnerzahl überhaupt	Direkte Versorgung durch kommunale Werke				Direkte Versorgung durch private Werke			
			Anzahl		Einwohner		Anzahl		Einwohner	
			absolut	vH	absolut	vH	absolut	vH	absolut	vH
Städte über 100000 Einw.	45	16619402	37	82,2	13654490	82,1	8	17,3	2964912	17,9
„ von 50000—100000 „	46	3356878	32	69,6	2395984	71,4	14	30,4	960894	28,6
„ „ 20000— 50000 „	168	4999156	126	75,0	3709444	74,2	42	25,0	1289712	25,8
„ „ 10000— 20000 „	292	4017759	186	63,7	2717250	67,6	106	36,3	1300509	32,4
„ „ 1000— 10000 „	1610	5802413	836	51,9	3344415	57,6	774	48,1	2457998	42,4
Gemeinden unter 1000 „	61419	27553174	15328	24,9	6866944	24,9	37440	60,9	16773120	60,9
Insgesamt	63580	62348782	16545	26,0	32688527	51,6	38384	60,4	25747145	41,3

gemäß auf den Ausnutzungsfaktor der Werkanlagen und damit auf die Wirtschaftlichkeit außerordentlich ungünstig wirkt, und zieht man schließlich in Betracht, daß der Stromverbrauch des Abnehmers in ländlichen Bezirken und kleinen Städten wesentlich geringer ist als in Gebieten ohne nennenswerte Landwirtschaft, so zeigt das Ergebnis der Tabelle 2 mit voller Deutlichkeit, daß die Leistung der Privatwirtschaft eine erheblich höhere ist als die der öffentlichen Hand, wenn als Kriterium für diese Leistung die Versorgung der Bevölkerung in dünnbesiedelten, wirtschaftlich schwachen und daher wenig ertragreichen Gegenden dient. Es ist außerordentlich bemerkenswert, daß sie diese Aufgabe erfüllt hat ohne ihre damit verbundenen verhältnismäßig hohen geldlichen Aufwendungen durch hohe Strompreise wieder auszugleichen, daß sie also die elektrische Energie auch in wenig ertragreichen Gebieten zu Preisen liefert, die nicht höher, ja, die teilweise nicht unerheblich niedriger sind, als sie die Werke der öffentlichen Hand in ihren dichtbevölkerten, industriellen und daher von Anfang an ertragreichen Versorgungsgebieten fordert, und das, obwohl sie ein erheblich größeres Risiko zu tragen hat und obwohl sie gegenüber den kommunalen Werken steuerlich und auch in mancher anderen Hinsicht schwer benachteiligt ist.

Will man aber der Elektrizitätsversorgung, wie es die Anhänger des Regiebetriebes mit Vorliebe tun, in erster Linie einen kulturellen und sozialen Charakter beilegen, so darf nicht vergessen werden, daß die Privatwirtschaft die öffentliche Hand in hohem Maße überhaupt erst in den Stand setzt, diese kulturellen und sozialen Aufgaben zu erfüllen. Das lehrt das Ergebnis der Tabellen 3 und 4, die den Anteil der privaten Werke als Großlieferer an der Deckung des kommunalen Strombedarfs und umgekehrt zeigen. Aus Tabelle 3 ist zu entnehmen, daß die kommunalen Werke für 6560000 Einwohner ihrer Versorgungsgebiete, d. h. für rund 20 vH der von ihnen versorgten Einwohner überhaupt den Strom von der Privatwirtschaft beziehen, während das umgekehrt bei den privaten Unternehmungen nur für 189461 Einwohner, das ist für 0,7 vH der Gesamteinwohner der privatver-

Tabelle 3. Anteilnahme der Privatwerke als Großlieferer an der Deckung des kommunalen Strombedarfs.

	Anzahl der von kommunalen Werken versorgten Städte überhaupt	Einwohnerzahl dieser Städte	Anzahl der von Privaten ganz oder teilweise versorgten Städte	Die private Stromlieferung entspricht ..... Einwohnern
Städte über 100000 Einw.	37	13654490	12	2336904
„ von 50000–100000 „	32	2395984	17	895140
„ „ 20000– 50000 „	126	3709444	65	1306095
„ „ 10000– 20000 „	186	2717250	88	1000665
„ „ 1000– 10000 „	836	3344415	246	1030232
Insgesamt	1217	25821583	428	6569036

Tabelle 4. Anteilnahme der Kommunalwerke als Großlieferer an der Deckung des Strombedarfs der Privatbetriebe.

	Anzahl der von privaten Werken versorgten Städte überhaupt	Einwohnerzahl dieser Städte	Anzahl der von Regiebetrieben ganz oder teilweise versorgten Städte	Die kommunale Stromlieferung entspricht ..... Einwohnern
Städte über 100000 Einw.	8	2964912	1	17214
„ von 50000–100000 „	14	960894	2	110367
„ „ 20000– 50000 „	42	1289712	2	5500
„ „ 10000– 20000 „	106	1300509	3	8400
„ „ 1000– 10000 „	774	2457998	14	47980
Insgesamt	944	8974025	22	189461

sorgten Gebiete, der Fall ist. Unter Berücksichtigung dieser Verhältnisse ergibt sich aus den drei Tabellen, daß die Privatwerke insgesamt 32126720 Einwohner, die Werke der öffentlichen Hand dagegen nur 26308952 Einwohner Deutschlands mit Strom versorgen. Diese Zahlen dokumentieren nicht nur die Bedeutung der privaten Elektrowirtschaft ganz allgemein; sie können vielmehr auch als Maßstab für die Beurteilung der Frage dienen, ob die Privatwirtschaft wirklich bei der Erfüllung kultureller und sozialer Aufgaben in einem solchen Maße versagt, wie es die Anhänger des Regiebetriebes hinzustellen belieben. Wäre das der Fall, so wäre es ganz undenkbar, daß die private Elektrowirtschaft jemals eine solche Ausdehnung erfahren hätte, wie sie nach den obenstehenden Zahlen tatsächlich gefunden hat.

Als Beispiel für viele, daß die von den Munizipalsozialisten immer wieder betonte Erfüllung kultureller Aufgaben — von denen eine der wichtigsten auch nach Ansicht der von dem Gemeindearbeiterverband befragten Gutachter die Förderung des Siedlungswesens ist — häufig keinen größeren Wert als den eines Schlagwortes besitzt, sei auszugsweise eine Pressenotiz der städtischen Berliner Elektrizitätswerke wiedergegeben, die unter der Überschrift „Die städtischen Werke als Wirtschaftsträger“ u. a. folgendes besagt:

„Die Bestimmung unserer heutigen Werktätigkeit ist über“ „den Rahmen der Bedürfnisbefriedigung des privaten Haus-“ „haltes weit hinausgewachsen. Man kann sogar sagen, daß“ „in der Kalkulation der städtischen Werke der Verbrauch“ „des kleinen Konsumenten, wenn auch nicht nebensächlich,“ „so doch von geringer Bedeutung ist. Ein anschauliches“ „Bild von der Interessenrichtung der Werke hat man in der“ „Behandlungsart der Versorgungsanträge aus den Gebieten“ „unserer Außenbezirke, die bisher noch nicht an das kommu-“ „nale Werknetz angeschlossen waren. Private Stromab-“ „nehmer in Siedlungen mit reinem Wohncharak-“ „ter werden weniger schnell berücksichtigt als“ „Gebiete mit Wirtschaftsbetrieben oder Industrie-“ „ansätzen, wenn auch der Niederspannungsabnehmer relativ“ „der Mehrzahler ist.“

Aus dieser Verlautbarung, die als typisch für die kommunalen Betriebe überhaupt gelten kann, geht deutlich hervor, daß für sie in erster Linie das Geschäft, also das rein kapitalistische Moment maßgebend ist, und daß die Erfüllung kultureller Aufgaben, beispielsweise die Stromversorgung von Siedlungsgebieten als lästige aber nicht immer abzulehnende Pflicht erst in zweiter Linie steht. Ganz anders dagegen liegen die Verhältnisse in dieser Beziehung bei den privaten Werken, und zwar schon aus dem Grunde, weil sie unschwer vertraglich gezwungen werden können, im Interesse der Förderung des Siedlungswesens auch solche Teile ihres Versorgungsgebietes anzuschließen, die vorerst überhaupt keine oder nur eine sehr mäßige Verzinsung der aufgewendeten Anlagekapitalien erbringen.

Daß sich die öffentliche Hand bei ihrer Wirtschaftspolitik keineswegs in erster Linie von der Rücksicht auf die kulturellen und sozialen Bedürfnisse der Allgemeinheit leiten läßt, daß sie vielmehr häufig rein kapitalistische Momente über diese stellt, illustriert auch folgende, der „Kommunalen Umschau“ 1927, Seite 137 entnommene Notiz:

„Der Sächsische Staat will durch seine Sächsischen Werke“
„die Harth abholzen lassen und so den einzigen Waldbestand“
„in Leipzigs Nähe vernichten, um Gelände für den Braun-“
„kohlenbergbau zu gewinnen. Diese Absicht hat hier große“
„Erregung hervorgerufen. In einer Protestversammlung“
„führte Oberbürgermeister Dr. Rothe u. a. aus:“
„Der Staat zeigt, daß er das privatkapitalistische Interesse“
„einer Aktiengesellschaft über die Interessen eines großen“
„Bezirkes stellt, um lediglich Geschäfte zu machen. Ich“
„behaupte, wenn der Staat im Falle Leipzig bei der Abhol-“
„zung der Harth und bei dieser Einkreisung eines ganzen“
„Bezirkes lediglich fiskalische Rücksichten walten läßt und“
„auf öffentliche Interessen keine Rücksicht nimmt, dann ist“
„der Staat des Kohlenregals nicht mehr würdig.“

Aus diesem zum mindesten nicht ganz unberechtigten Vorwurf gegen den Sächsischen Staat darf nun keineswegs geschlossen werden, daß etwa die Stadt Leipzig als oberste Richtlinie ihrer Wirtschaftspolitik ausschließlich soziale und kulturelle Grundsätze gelten läßt, denn während diese Zeilen geschrieben werden, wissen die Berliner Zeitungen unter dem 26. Juni 1927 aus Leipzig folgendes zu berichten:

„Der Rat will, falls die Stadtverordneten keine Tarif-“
„erhöhung für die Straßenbahn bewilligen, ab 15. Juli dieses“

„Jahres drei Straßenbahnlinien einziehen und auf zwei weite-“ „ren den Personenverkehr empfindlich einschränken. Durch“ „diese Maßnahme würden 320 Straßenbahner arbeitslos“ „werden.“

Zum vollen Verständnis dieser Nachricht sei bemerkt, daß die Stadt Leipzig hinsichtlich der Strompreise mit 45 Pfennig für Licht und 27 Pfennig für Kraft und auch hinsichtlich der sonstigen Anschlußbedingungen nicht etwa gegenüber ihren Abnehmern ein besonders soziales und kulturelles Verständnis zeigt, und daß in Sachverständigenkreisen eine Erhöhung des Straßenbahntarifes, wie er etwa aus Gründen der Erhaltung der Lebensfähigkeit des Unternehmens gerechtfertigt sein könnte, für durchaus nicht notwendig gehalten wird. Diese Erhöhung scheint vielmehr lediglich im Interesse der Überschußwirtschaft angestrebt zu werden; sie entspringt also „kapitalistischen Tendenzen“, den gleichen Tendenzen, die die Stadt Leipzig dem Sächsischen Staat mit vollem Recht, die Anhänger des Regiebetriebes der Privatwirtschaft mit Unrecht zum Vorwurf machen. Es mag dabei unentschieden bleiben, welches Verfahren unsozialer und unkultureller ist, einer Großstadt den einzigen Wald, also sozusagen ihre Lunge zu nehmen oder ihre Verkehrsmöglichkeiten zu vermindern und zu beschränken und die Beutel der Einwohnerschaft dadurch gewaltsam zu öffnen, daß man ihr androht, sie müsse künftig zu Fuß gehen.

Aber noch einige andere Folgerungen können aus den Tabellen 3 und 4 gezogen werden. Wenn nämlich die Kommunalbetriebe für die Stromversorgung ihrer Einwohner in einem so erheblichen Maße von der Privatwirtschaft Strom beziehen, wie es die Tabelle 3 zeigt, so beweist diese Tatsache doch zur Genüge, daß es mit den „rein kapitalistischen Tendenzen“ der privaten Unternehmungen nicht so gefährlich ist, wie es die Anhänger des Regiebetriebes glauben machen wollen. Diese privatkapitalistischen Tendenzen müssen sich vielmehr in so engen Grenzen halten, daß die Regiebetriebe in großer Menge Strom von der Privatwirtschaft beziehen können, woraus wiederum zu folgern wäre, daß der Strom zu Preisen geliefert wird, zu denen ihn sich die kommunalen Werke selbst nicht herstellen können. Wäre diese Folgerung unrichtig, so wäre der Einkauf privaten Stromes durch kommunale Werke ein so schwerer wirtschaftlicher Fehler, daß er allein die Unzulänglichkeit und Unzweckmäßigkeit des Regiebetriebes beweisen würde. Diese Feststellung ist besonders interessant in Verbindung mit der weiteren, daß umgekehrt (vgl. Tabelle 4) die kommunalen Werke als Stromlieferanten für die Privatunternehmungen nur eine ganz geringfügige Rolle spielen. Wenn also beispielsweise der Stadtverordnetenvorsteher Großmann-Aschersleben, in Beantwortung der Umfrage des Verbandes die Forderung stellt,

„daß der Verbraucher die in solchen Betrieben (Gas-, Wasser-“
„und Elektrizitätswerke) hergestellten Produkte so billig als“
„möglich erhalte, und daß sich nicht ein Dritter dazwischen-“
„schiebt, der letzten Endes aus diesen an sich risikolosen“
„Betrieben auch noch hohe Gewinne einsteckt,“

so ist auf Grund vorstehender Zahlen festzustellen, daß dieser Dritte in der überwiegenden Mehrzahl der Fälle die öffentliche Hand ist, und daß dieser Mangel auf die beste und einfachste Weise dadurch ausgeräumt werden könnte, daß der Privatwirtschaft alle diejenigen Gebiete zur unmittelbaren Stromversorgung überlassen werden, die sie jetzt zum größten Teil mittelbar beliefert.

V. Preispolitik der öffentlichen Unternehmungen.

Die von den Anhängern des Regiebetriebes in der Beantwortung der Umfrage des Verbandes der Gemeinde- und Staatsarbeiter vorgebrachten Argumente sind also selbst nach dem Zeugnis solcher Persönlichkeiten, denen die Sozialisierung und Kommunalisierung der Betriebe ein politisches Dogma ist, in keiner Weise stichhaltig, soweit sie sich auf den Charakter der in Frage stehenden Betriebe als monopolartige Gebilde stützen, die nur im Besitz und unter der Leitung der öffentlichen Hand die ihnen zweifellos zufallenden kulturellen und sozialen Aufgaben zu erfüllen vermögen. Völlig ad absurdum geführt werden diese Argumente aber auch durch die obenstehenden Zahlen, die gerade das Gegenteil von dem beweisen, was die Anhänger des Regiebetriebes behaupten. Neben diesen Behauptungen wird aber von fast sämtlichen Beantwortern der Umfrage die weitere in den Vordergrund gestellt, daß die Privatbetriebe ihrer ganzen wirtschaftlichen Einstellung nach bestrebt seien und bestrebt sein müßten, in erster Linie wirtschaftliche, d. h. privatkapitalistische Interessen zu verfolgen, daß sie übermäßig hohe Gewinne zu erzielen trachteten, kurz, daß hinter den privatkapitalistischen Tendenzen alle anderen gemeinnützigen Rücksichten zum Schaden der Allgemeinheit nicht nur zurücktreten, sondern überhaupt völlig verschwinden. Einer der Gewährsleute des Verbandes, Stadtrat Carl Fischer, Ludwigshafen, formuliert diese Behauptung sehr klar und eindeutig wie folgt:

„Die Erfahrung hat gelehrt, daß, wo ein Privatunternehmen"
„eine Monopolstellung einnimmt und nicht durch die Kon-"
„kurrenz in seiner Betriebsführung und Preispolitik beeinflußt"
„wird, die schamloseste Ausbeutung der Konsu-"
„menten einsetzt."

Wenn sich Herr Fischer bei dieser Feststellung auf „Erfahrungen" beruft, so ist es außerordentlich zu bedauern, daß er diese Erfahrungen nicht in Form von positivem, nachprüfbarem Material der Öffentlichkeit übergibt. Sie würden nämlich in stärkstem Gegensatz zu den oben festgestellten Zahlen im allgemeinen und insbesondere zu denen über die Anteilnahme der privaten Unternehmungen an der Deckung des Strombedarfs der kommunalen Werke stehen. Herr Fischer selbst wird ernstlich nicht glauben, daß sich 26 Millionen Menschen tagaus tagein „schamlos ausbeuten" lassen und er stellt als Stadtrat den deutschen Städten ein außerordentlich schlechtes Zeugnis aus, wenn er unterstellt, daß sie für beinahe 7 Millionen ihrer Einwohner Strom zu Wucherpreisen von der Privatindustrie beziehen. Es könnte an Hand einer Tarifstatistik nachgewiesen werden, daß die Strompreise bei den privaten Werken durchschnittlich unter denen bei den Werken der öffentlichen Hand liegen; es wird aber bereits genügen, auch hier den Sachverständigen der SPD, den bereits wiederholt erwähnten Dr. Majerczik sprechen zu lassen, dessen Urteil um so wertvoller sein dürfte, da er, wie ebenfalls bereits erwähnt, zu einer Empfehlung der gemischtwirtschaftlichen Unternehmungsform, d. h. zu einer Befürwortung der Beteiligung des Privatkapitals an den gewerblichen Unternehmungen der öffentlichen Hand auf Grund persönlicher Kenntnisse der verschiedenen Betriebsformen und auf Grund eingehender Untersuchungen des Regiebetriebes auf der einen und der privaten bzw. gemischtwirtschaftlichen Unternehmungen auf der anderen Seite kommt.

Bezüglich der Tarifpolitik stellt Majerczik in seiner Arbeit „Kommunale gewerbliche Unternehmungen als Kampfmittel gegen die finanzielle Notlage der deutschen Städte“ folgendes fest:

„Es war der grundlegende Zug in der bisherigen Verwaltung“ „der werbenden Anlagen durch die Städte, daß sie in den“ „Unternehmungen weniger Wirtschaftsbetriebe als vielmehr“ „Finanzobjekte sah, die im Interesse des kommunalen Haus-“ „halts ziemlich rücksichtslos ausgebeutet wurden. Man“ „suchte die finanziellen Überschüsse der Werke nicht so sehr“ „durch umsichtige und sparsame Betriebsführung zu errei-“ „chen als durch Monopoltarife, die eine indirekte Besteue-“ „rung der Abnehmer enthalten und zu denen der Monopol-“ „charakter der Unternehmungen die Möglichkeit bot. Wenn“ „kommunale Werke, ohne technisch oder wirtschaftlich auf“ „einer besonders hohen Stufe zu stehen, Erträgnisse abwerfen,“ „die einer Dividende von 15 vH und mehr bei Privatgesell-“ „schaften entsprechen, so ist das eine Folge dieser Tarif-“ „politik. Die hohen Preise müssen, das ist das erste Erforder-“ „nis für eine Neugestaltung der städtischen Betriebe, ab-“ „gebaut werden, weil sie wirtschaftlich schädlich sind und“ „in ihrer finanziellen Ergiebigkeit nicht den gehegten Erwar-“ „tungen entsprechen werden.“

Man braucht auch der Zeit nach Beendigung der Inflation bei der Beurteilung der Preisgestaltung seitens der kommunalen Betriebe keine allzu große Bedeutung beizulegen, immerhin ist es bemerkenswert, daß sich der Reichswirtschaftsminister durch Rundschreiben 1/2 Nr. 794 vom 24. März 1924 an die Regierungen der Länder wenden mußte, um sie zu ersuchen,

„ihre Aufmerksamkeit der Preisgestaltung der kommunalen“ „Elektrizitätswerke zuzuwenden und im kommunalen Auf-“ „sichtswege darauf hinzuwirken, daß die Strompreise der“ „kommunalen Werke auf das wirtschaftlich gerechtfertigte“ „und erträgliche Maß herabgesetzt werden“.

und es ist nicht weniger bemerkenswert, daß in der Vorstandssitzung des Deutschen Städtetages vom 14. April 1924 folgender Beschluß gefaßt wurde:

„Es kommen immer noch Fälle vor, in denen die Staats-“ „anwaltschaften wegen angeblicher Verstöße gegen die“ „Wuchergesetzgebung, die in zu hohen städtischen Tarifen“

„liegen sollen, gegen städtische Beamte Ermittlungsver-“ „fahren einleiten. Der Vorstand ist der Auffassung, daß die“ „städtischen Gebührentarife, auch soweit sie auf Über-“ „schüsse abzielen, überhaupt der Wuchergesetzgebung nicht“ „unterworfen sind, weil die städtische Gebührenhoheit durch“ „Städteordnung und Kommunalabgabengesetz sichergestellt“ „ist und die Wuchergesetzgebung sich überhaupt nur auf den“ „freien gewerblichen Verkehr bezieht.“

In dem Rundschreiben des Reichswirtschaftsministers ist ausdrücklich und ausschließlich von kommunalen Werken die Rede, was verständlich ist, da einmal nur diese im Besitz der Tarifhoheit sind, also ihre Gebühren nach Belieben festsetzen können, während den Privatunternehmungen auf Grund der Verordnung vom 1. Februar 1919 über die Erhöhung der Lieferpreise bei Elektrizität, Gas und Wasser nur immer eine Steigerung des Strompreises im Ausmaß der erhöhten und bis in alle Einzelheiten tatsächlich nachgewiesenen Unkosten zugebilligt wurde, zum anderen deshalb, weil die Privatwerke selbst gemäß dem Grundsatz „großer Umsatz — kleiner Nutzen“ von sich aus die Inflationstarife abbauten, soweit sich die Möglichkeit hierzu bot. Etwas eigenartig mutet die Entschließung des Vorstandes des Deutschen Städtetages an, die man kaum anders auffassen kann, als daß sie den Wucher zwar zugibt, aber ihn nur deshalb strafrechtlich nicht verfolgt sehen will, weil das einen Eingriff in die den Städten gesetzlich gewährleistete Tarifhoheit bedeuten würde. Daß sich die Privatwirtschaft in der Tarifgestaltung weit besser den Bedürfnissen der Abnehmerschaft, insbesondere denen der einzelnen Abnehmerkategorien anpaßt als die Regiebetriebe, geht neben den bereits mitgeteilten Zahlen über die Belieferung der industriellen Großabnehmer auch aus folgendem hervor: Gruppiert man die in der Statistik der Elektrizitätswerke aufgeführten Werke in ausgesprochene Überlandzentralen und reine Lokalwerke, also in solche, die auf der einen Seite in der Hauptsache eine mit Landwirtschaft stark durchsetzte Bevölkerung, auf der anderen Seite in geschlossen bebauten Gebieten eine rein städtische Abnehmerschaft versorgen, bringt man also die Werke beider Unternehmungsformen auf eine unbedingt einwandfreie Vergleichsbasis, so ist festzustellen, daß bei der Überlandversorgung die Regiebetriebe 59,7 vH der in ihren Versorgungsgebieten überhaupt vorhandenen Haushaltungen gegenüber 70,9 vH bei den privaten Unternehmungen angeschlossen haben, während das bei den reinen Lokalwerken mit 41,3 vH bei den kommunalen Unternehmungen gegenüber 66,6 vH bei den Privatwerken der Fall ist. Ein solcher krasser Unterschied in der Anzahl der angeschlossenen Haushaltungen wäre wohl kaum denkbar, wenn die Privatindustrie den Strom teurer liefern würde als die Regiebetriebe. Daß das Gegenteil der Fall ist, scheinen die oben festgestellten Zahlen evident zu beweisen.

Zu welchen absonderlichen Ansichten hinsichtlich der Tarifpolitik der Elektrizitätswerke die politische Einstellung mancher Anhänger des Regiebetriebes führen kann, zeigt ein Vortrag, „Der Kampf in der Elektrizitätswirtschaft,“ den das Parteimitglied Hans Steinbüchel auf einer von der kommunalpolitischen Zentralstelle der SPD im Jahre 1926 einberufenen Gemeindevertreterkonferenz der westlichen Bezirke hielt, in dem er die rein kommunalen Vereinigten Elektrizitätswerke Westfalen, G. m. b. H., den gemischtwirtschaftlichen Rheinisch-Westfälischen Elektrizitätswerken gegenüberstellte:

„Dem etwa 70 Mitglieder starken Aufsichtsrat der Ver-“ „einigten Elektrizitätswerke Westfalen gehören etwa zur“ „Hälfte Stadtverordnete, Kreisdeputierte, also ehrenamtliche“ „Vertreter der Stadtverwaltung an. Insgesamt dürften 10“ „bis 12 Mitglieder des Aufsichtsrats der SPD angehören. Der“ „Aufsichtsrat der R. W. E. besteht aus 20 Großindustriellen“ „und 45 Oberbürgermeistern, Landräten usw. Dem gesamten“ „Aufsichtsrat gehört nur ein Sozialdemokrat an. Mit Recht“ „ist dieser Aufsichtsrat als ein Mammutgebilde bezeichnet“ „worden, das als aktionsunfähig angesehen werden muß. —“ „Was die Preispolitik des R. W. E. anbetrifft, so herrscht“ „darüber in den weitesten Kreisen Unwille. Es wird, und“ „nicht mit Unrecht, behauptet, daß das Privatkapital seine“ „Macht dazu benutze, die Strompreise der Großindustrie“ „möglichst gering zu setzen, dagegen die Preise der Klein-“ „abnehmer hoch zu halten. Offiziell beträgt der Kraftstrom-“ „preis 16 Pf. und der Lichtstrompreis 33,3 Pf. Doch liegen“ „uns Verträge vor, nach denen großindustrielle Werke für“ „die kWst 3—4 Pf. zahlen müssen . . .“

Aus dieser Äußerung scheint hervorzugehen, daß in den Augen politisch eingestellter Regieanhänger nur dasjenige Werk eine

Existenzberechtigung besitzt, in dessen Aufsichtsrat eine so große Anzahl von Parteivertretern sitzt, daß sie Betriebsführung und Verwaltung nach politischen Gesichtspunkten zu beeinflussen vermag. Auch wenn der Aufsichtsrat zahlenmäßig geringer ist, wie das nach der Angabe Steinbüchels bei dem R. W. E. mit 65 Mitgliedern gegenüber 70 Mitgliedern bei den Vereinigten Elektrizitätswerken Westfalen zutrifft, so ist er ein „aktionsunfähiges Mammutgebilde", weil die Partei nicht den genügenden Einfluß ausüben kann. Des weiteren kann mit Erstaunen festgestellt werden, daß sich hier das Mitglied einer Partei über zu niedrige Strompreise eines privatwirtschaftlichen Unternehmens beschwert, und zwar das Mitglied einer Partei, die nicht zuletzt aus dem Grunde sämtliche gewerblichen Betriebe sozialisiert und kommunalisiert sehen möchte, um dem „schamlosen Ausbeutertum" der Privatwirtschaft zu entgehen und um „den Konsumenten die Sicherheit für reelle Preise zu gewähren" (Seite 47 der Umfrage). Nach Ahlen, dem Generaldirektor rein kommunaler Werke, ist — wie bereits oben erwähnt — nur das Werk existenzberechtigt, das die großindustriellen Verbraucher zu angemessenen Preisen zu beliefern versteht, da hiervon die Erfüllung kultureller und sozialer Aufgaben direkt abhängig ist. Diese Voraussetzung also erfüllen die R. W. E. selbst nach dem Zugeständnis von Herrn Steinbüchel in besonders hohem Maße. Aber auch die von den Kleinabnehmern geforderten Preise dürften zu den niedrigsten in Deutschland gehören; jedenfalls werden sie von keinem einzigen Betriebe der öffentlichen Hand — auch von den Vereinigten Elektrizitätswerken Westfalen nicht — unterschritten, so daß bei einem Vergleich der R. W. E. mit rein kommunalen Werken Herr Stadtrat Fischer, Ludwigshafen, den Vorwurf des „schamlosen Ausbeutertums" an eine andere Adresse hätte richten müssen. In dieser symptomatischen Stellungnahme des Referenten der Gemeindevertreterkonferenz offenbart sich die große Gefahr, die für die gewerblichen Betriebe der Gemeinden darin liegt, daß sie von Magistraten, Stadtverordnetenversammlungen, Deputationen oder auch von verselbständigten Verwaltungsräten geleitet werden, die nicht nach wirtschaftlichen, sondern nach politischen Gesichtspunkten zusammengesetzt sind. Es ist ganz selbstverständlich, daß jedes nur einigermaßen kaufmännisch und wirtschaftlich geleitete Werk — auch die Vereinigten Elektrizitätswerke Westfalen — die Preise für industrielle Großabnehmer und Kleinverbraucher entsprechend den Unkosten differenziert, die ihm durch die Belieferung der einzelnen Abnehmerkategorien erwachsen. Rein politisch eingestellte Aufsichtsratsmitglieder von der Notwendigkeit und Richtigkeit dieser Tarifpolitik zu überzeugen, sie davon zu überzeugen, daß ein Preis von 40, ja 50 Pf. je kWst unter Umständen einen Verlust, ein Preis von 5 und 6 Pf. dagegen einen Gewinn mit sich bringt, wird in den meisten Fällen ein fruchtloses Beginnen sein. In dieser Tatsache liegt ein Teil der Gründe für das Versagen der Betriebe der öffentlichen Hand.

VI. Die Finanzwirtschaft der öffentlichen und privaten Elektrizitätswerke.

Die in finanzieller Hinsicht von den Befürwortern des Regiebetriebes, insbesondere von den Beantwortern der Umfrage des Gemeindearbeiterverbandes gegen die Privatunternehmungen erhobenen Vorwürfe lassen vermuten, daß die Gewinne bei diesen Unternehmungen ganz außerordentlich überschätzt werden. Die von dem Statistischen Reichsamt behandelten Ergebnisse der in Form von Aktiengesellschaften betriebenen privaten bzw. gemischtwirtschaftlichen „Elektrizitätswerke und damit verbundenen Betriebe“ führen 150 Unternehmungen mit einem dividendenberechtigten Kapital von 1135014000 RM auf, die im Jahre 1925 insgesamt 73578000 RM Dividende, d. h. rund 6,5 vH ausgeschüttet haben. Aus den Geschäftsberichten dieser Gesellschaften kann nun entnommen werden, daß ihre Werke insgesamt 7496688000 kWst nutzbar abgegeben haben, so daß die kWst durch die Dividende mit 0,98 Pf. belastet wurde. Es ist aber dabei noch zu berücksichtigen, daß in den behandelten Ergebnissen auch reine Finanzierungsgesellschaften enthalten sind und daß bei einer Anzahl von Werken die zur Verteilung gelangten Gewinne zu einem Teil nicht aus der Stromlieferung allein resultierten. Der auf die kWst entfallende, soeben errechnete Dividendenanteil wird also in Wirklichkeit noch niedriger sein. Wie dem aber auch sein mag, es muß festgestellt werden, daß dieser geringe Aufschlag auf die kWst es noch längst nicht vermag, die von der Privatindustrie gebotenen Strompreise über die bei den Regiebetrieben üblichen zu erhöhen und es muß weiter festgestellt werden, daß die Privatwirtschaft bei niedrigeren, jedenfalls aber nicht höheren Strompreisen als sie die öffentliche Hand bietet, in der Lage ist, noch eine Dividende zu verteilen, obwohl sie durchschnittlich höhere Abschreibungen und Rücklagen als die öffentliche Hand vornimmt, obwohl sie — bedingt durch die ihr zufallende Versorgung der dünnbevölkerten Gebiete Deutschlands — höhere Anlagekapitalien aufzuwenden hat und obwohl sie durch Steuern und Abgaben außerordentlich hoch belastet ist. Würden die Betriebe der öffentlichen Hand auch nur steuerpflichtig sein, so wäre es ihnen — wie auch von maßgebenden Stellen zugegeben wird — unmöglich, die bei ihnen heute üblichen Strompreise einzuhalten und würden sie sich darüber hinaus noch die Abschreibungs- und Bilanzgrundsätze der Privatunternehmungen und deren sonstige Wirtschaftsrichtlinien zu eigen machen, so würde das vermutlich den Untergang der Betriebe der öffentlichen Hand bedeuten, denn sie würden zu Preisen gelangen, die unsozial wirken müssen und deren Höhe der Wertschätzung der Ware durch den Konsumenten nicht entsprechen würde. Auch das wird von einer Anzahl der Leiter von Kommunen und kommunalen gewerblichen Betrieben zugegeben. Daß die Steuerfreiheit der Betriebe der öffentlichen Hand ungerecht ist, ja, daß sie eine wirtschaftlich verfehlte Maßnahme darstellt, erklärt z. B. Ministerialrat Dr. Frielinghaus, Berlin, in seiner Arbeit: „Die wirtschaftliche Einstellung der öffentlichen Verwaltung" (Abgedruckt in „Die Deutsche Wirtschaft" von A. Bozi und O. Sartorius, Berlin 1926, Verlag Reimar Hobbing), indem er sagt:

„Nur im freien Konkurrenzkampf mit gleichartigen Privat-"
„betrieben können die öffentlichen Betriebe ihre Wirtschaft-"
„lichkeit erweisen und sich vor Erstarrung schützen. Hierbei"
„ist notwendig, daß sie auch unter gleichartigen Bedingungen"
„arbeiten. Es ist ein schwerer Fehler, wenn öffentliche Be-"
„triebe z. B. steuerlich bevorzugt werden."

Ferner erklärte Dr. Krause, Oberbürgermeister der Stadt Schneidemühl, bei Gelegenheit der Behandlung der Frage der Steuerfreiheit der öffentlichen Versorgungsbetriebe auf dem X. Preußischen Städtetag in Köln:

„Im übrigen sind alle Verhandlungen über Steuerfreiheit"
„ein Beweis für die wirtschaftliche Überlegenheit der ge-"

„mischtwirtschaftlichen Betriebe. Diese Betriebe haben bis-“ „her schon erheblich mehr Steuern zahlen müssen als die“ „reinen Kommunalbetriebe, und sie haben trotzdem größere“ „wirtschaftliche Erfolge gehabt und haben regelmäßig sogar“ „niedrigere Preise für Gas, Strom und Wasser genommen als“ „die rein kommunalen Werke. Und wenn behauptet wird, daß“ „bei Einführung der Steuern auch bei rein kommunalen Be-“ „trieben die Preise für Gas, Strom und Wasser sofort um“ „den entsprechenden Steuerbetrag erhöht werden müßten,“ „so ist das eben ein Eingeständnis, daß die kommunalen“ „Werke nicht dasselbe leisten können wie die gemischtwirt-“ „schaftlichen Betriebe.“

Trotz dieser Feststellung stellte sich der Städtetag auf den Boden des Antrages der sozialdemokratischen Fraktion, indem er folgende Entschließung annahm:

„Der Preußische Städtetag wendet sich mit aller Ent-“ „schiedenheit gegen die bei der Neuregelung der Steuerver-“ „hältnisse zutage tretenden Bestrebungen, die Gemeinde-“ „betriebe über das bisherige Maß hinaus zu steuerlichen“ „Leistungen heranzuziehen. Das Ergebnis würde lediglich“ „eine scharfe Erhöhung der Tarife und somit eine“ „weitere Belastung der werktätigen Bevölkerung und des ört-“ „lichen Wirtschaftslebens sein. Diese Tatsache aber birgt in“ „sich eine Senkung der Kaufkraft der breiten Massen, sowie“ „eine schwere Schädigung der Erfüllung sozialer und kultureller“ „Aufgaben, wie der Wohlfahrtsbestrebungen der Gemeinden.“

„Der Preußische Städtetag hält die Auffassung der Reichs-“ „regierung, daß durch die steuerliche Belastung gemeindlicher“ „Betriebe der Wettbewerb angeregt und damit die Produk-“ „tivität dieser Betriebe gesteigert wird, für falsch. Es handelt“ „sich bei den Gemeindebetrieben in der Hauptsache um“ „Monopolunternehmen. Gas-, Wasser- und Elektrizitätswerke“ „stehen in keinem Konkurrenzkampf mit anderen örtlichen“ „Unternehmungen, bei denen dieselben wirtschaftlichen Vor-“ „aussetzungen vorliegen.“

Diese Entschließung des Preußischen Städtetages kann durchaus als eine Unterstreichung der Ausführungen des Oberbürgermeisters Dr. Krause aufgefaßt werden, obwohl mit ihr etwas ganz anderes bezweckt wurde.

Wie gegen die Besteuerung der gemeindlichen Betriebe, so wehren sich die Anhänger der Sozialisierungs- und Kommunalisierungstheorie auch dagegen, daß die Überschüsse in stärkerem Maße als bisher zur Entlastung des Haushaltes der Gemeinden herangezogen werden. Auch hierin liegt ein Eingeständnis der Schwäche, denn es besteht offenbar die — allerdings nicht zugegebene — Befürchtung, daß eine größere Belastung der öffentlichen Werke zur Deckung des Bedarfs der allgemeinen Verwaltung ohne eine wesentliche Preiserhöhung gar nicht möglich ist, eine solche aber mit Rücksicht auf die von der Privatwirtschaft gebotenen Preise gleichbedeutend mit einer Bankerotterklärung des Sozialisierungs- und Kommunalisierungsprinzips wäre. Der amtliche preußische Pressedienst brachte seinerzeit eine Statistik über die kommunalen Steuererträge des Jahres 1924, die folgendes feststellte:

„Das gesamte Steueraufkommen in allen preußischen" „Städten und Landgemeinden über 5000 Einwohnern betrug" „im Jahre 1924 1366,6 Mill. RM., so daß auf den Kopf der Be-" „völkerung — nach dem Stande vom 8. Oktober 1919 —" „69 RM. entfielen. Der größte Anteil an dem Gesamtsteuer-" „aufkommen, nämlich 28 vH, entfällt auf Überweisungen" „aus der Reichseinkommen- und Körperschaftssteuer mit" „387,5 Millionen, das sind 19,6 RM. je Kopf der Bevölke-" „rung. Mit 21 vH folgt an zweiter Stelle die Gewerbe-" „steuer mit einem Aufkommen von 287,5 Millionen entspre-" „chend einem Kopfbedarf von 14,5 RM. Zum ersten Male" „sind die Überschüsse der kommunalen Betriebe und Unter-" „nehmungen statistisch im ganzen Reich erfaßt. In Preußen" „betrugen sie für 1924 zusammen 169,4 Millionen (das sind" „8,6 RM. je Kopf), wovon allein 126 Millionen (das sind über" „74 vH) auf die Gas-, Wasser- und Elektrizitätswerke ent-" „fallen. Insgesamt machen diese Überschüsse für die in die" „Erhebung einbezogenen preußischen Gemeinden 12,4 vH" „ihres Gesamtsteueraufkommens aus."

Vermutlich veranlaßt durch das Ergebnis dieser Statistik, richtete der preußische Finanzminister am 19. März 1926 an die Städte einen von diesen mit großem Mißbehagen aufgenommenen Runderlaß betr. Ratschläge für die Etataufstellung und insbesondere die Steuerverteilung, in dem er sagte:

„Auch unter Berücksichtigung der berechtigten Interessen“
„der Konsumenten werden die werbenden Betriebe erheblich“
„zur Entlastung des Haushaltes beitragen können und müssen.“

Sofort nimmt die „Gemeinde“, das Organ der Kommunalpolitischen Zentralstelle der SPD., zu diesem Erlaß energisch Stellung und erklärt:

„Gerade dieser behördlichen Verlautbarung muß auf das“
„entschiedenste entgegengetreten werden. Die Verwendung“
„der Überschüsse der werbenden Betriebe für die Zwecke der“
„allgemeinen Verwaltung widerspricht jeder gesunden Wirt-“
„schaftspolitik. Es ist nichts dagegen einzuwenden, daß ein“
„geringer Bruchteil der Überschüsse für diese Zwecke ver-“
„wandt wird. Dagegen ist es verderblich, wenn diese Über-“
„schüsse in erheblichem Umfange zur Entlastung des Haus-“
„haltes verwandt werden. Das hat zur Folge, daß die kommu-“
„nalen Betriebe entweder technisch rückständig bleiben müs-“
„sen oder bei Neuaufwendung sich eine erhebliche Schulden-“
„last aufbürden.“

Bei der Beurteilung beider Betriebsformen muß man also die Tatsachen festhalten, daß 1. die von privatwirtschaftlicher Seite gebotenen Tarife durchschnittlich unter denen der Regiebetriebe liegen, daß sie jedenfalls nicht höher sind als diese; daß 2. die Regiebetriebe steuerlich außerordentlich bevorzugt sind und daß sie erklären, ohne eine Erhöhung der Strompreise eine Steuer nicht tragen zu können; daß 3. eine stärkere Heranziehung der Überschüsse aus den gewerblichen Betrieben der Gemeinden zur Deckung ihres allgemeinen Haushaltes abgelehnt wird. Daraus resultiert ganz automatisch die Frage: Wenn die Regiebetriebe — wie es behauptet wird — ebenso wirtschaftlich arbeiten wie die Untern hmungen des Privatkapitals, so müssen über angemessene Abschreibungen und über eine angemessene Ausstattung der Unterhaltungs- und Erneuerungsfonds hinaus diejenigen ganz erheblichen Beträge erübrigt werden, die die Privatwirtschaft in Form von Steuern und Abgaben an die öffentliche Hand und in Form von Dividenden an die Aktionäre abführt. Was soll mit diesen Beträgen geschehen und was geschieht mit ihnen, wenn sie nicht zum Nutzen der Allgemeinheit, also zur Deckung des Haushaltsbedarfes und damit zur Steuersenkung benutzt werden? Die Sorge um diese Überschüsse braucht nicht allzu groß zu sein, da sie dank der Schwächen des Regiebetriebes nicht vorhanden sind, denn andernfalls müßten die Haushaltungen der Gemeinden durch ihre gewerblichen Unternehmungen ganz anders entlastet werden, als es nach den obigen Zahlen tatsächlich geschieht. Es darf überdies dabei nicht vergessen werden, daß die an die Kämmereikassen abgeführten Beträge häufig nur auf Kosten unzulänglicher Abschreibungen und in vielen Fällen dadurch erwirtschaftet werden, daß man etwa notwendig werdende Erneuerungen und Erweiterungen nicht aus vorsorglich gemachten Rücklagen, sondern aus Anleihen deckt. Ein solches Verfahren aber ist im Interesse unserer Volkswirtschaft im höchsten Grade schädlich und verwerflich, denn es ist ein Verfahren, das die Verschuldung Deutschlands immer weiter treiben muß. Und noch eins! Die Anhänger des Regiebetriebes begründen ihre Stellungnahme zur Privatunternehmung immer wieder durch den Hinweis auf die kapitalistischen Tendenzen dieser Unternehmungsform. Nun finden diese Tendenzen zweifellos ihren Ausdruck in der Zahlung von Dividenden. Was glauben nun die Sozialisierungs- und Kommunalisierungsfanatiker, wo diese privatwirtschaftlichen Gewinne bleiben und was mit ihnen geschieht? Sie dienen zur Kapitalneubildung, also zur Erfüllung einer volkswirtschaftlichen Aufgabe, ohne die ein Volk auf die Dauer überhaupt nicht lebensfähig ist. Diese Kapitalneubildung aber ist im Gegensatz zu der Vorkriegszeit infolge der beängstigenden Passivität unserer Handelsbilanz heute besonders gefährdet und erschwert. Die öffentliche Hand aber ist in der Hauptsache eine tote Hand, die zu dem wichtigen Erfordernis der Kapitalneubildung nur wenig oder überhaupt nichts beizutragen vermag. Das allein schon müßte für sie Grund genug sein, sich auf ihre eigentlichen Hoheitsrechte zu beschränken und sich von der Führung aller solcher Betriebe zu emanizipieren, die die Privatwirtschaft mit dem gleichen oder einem besseren Erfolge zu betreiben versteht. Zu ihnen gehören auch die sogenannten gemeinnötigen Betriebe, also Gas-, Wasser- und Elektrizitätswerke und Straßenbahnen.

VII. Die verselbständigten Regiebetriebe.

Mit einer Widerlegung der auf Grund der ersten Frage der Erhebungen des Gemeindearbeiterverbandes festgestellten Ansichten der Anhänger und Befürworter des Regiebetriebes dürfte zum Teil auch das Ergebnis der zweiten Frage, welche Verwaltungsform innerhalb des Regiebetriebes für die zweckmäßigste gehalten wird, erledigt sein. Wenn auf sie trotzdem hier noch eingegangen wird, so geschieht es, um zu zeigen, welche Verschiedenheit der Ansichten hinsichtlich dieser Frage bei den Anhängern des Munizipalsozialismus herrscht, und um ein Urteil darüber zu gewinnen, ob die für die Verbesserung des reinen Regiebetriebes gemachten Vorschläge, die bei einer Anzahl von Werken bereits seit längerer Zeit in die Praxis umgesetzt sind, geeignet sein können, die der öffentlichen Unternehmung anhaftenden Mängel zu beseitigen.

Unter den Beantwortern der Umfrage überwiegt die Zahl derjenigen, die der kommunalen Verwaltung der Betriebe eine größere Beweglichkeit dadurch verschaffen wollen, daß die gewerblichen Unternehmungen der Gemeinden entweder aus der allgemeinen Verwaltung herausgenommen und an Stelle der bisherigen Deputation von einem verselbständigten Verwaltungsrat — entsprechend dem Aufsichtsrat der privaten A.-G. oder G. m. b. H. — beaufsichtigt und geleitet werden, daß also von dem in § 73 des Entwurfs der neuen Städteordnung den Gemeinden gewährten Recht Gebrauch gemacht wird, oder daß die Betriebe in die privatwirtschaftliche Form der A.-G. oder G. m. b. H. eingekleidet werden, deren gesamtes Kapital jedoch im Besitz der öffentlichen Hand zu verbleiben hat. Die Notwendigkeit dieser Maßnahmen wird mit der Schwerfälligkeit des reinen Regiebetriebes begründet und es ist außerordentlich lehrreich und interessant, festzustellen, daß damit endlich Schwächen und Mängel der öffentlichen Unternehmungsform zugegeben werden, die früher — beispielsweise bei Gelegenheit der Behandlung dieses Themas auf dem Deutschen Städtetag in Köln 1914 — sehr energisch bestritten wurden. Ein solches Zugeständnis gibt beispielsweise der von dem Verband ebenfalls befragte Prof. Dr. Lindemann, Köln, in seiner Arbeit „Kommunalisierung und Entkommunalisierung" (Abgedruckt in „Zukunftsaufgaben der deutschen Städte") mit den Worten:

„Die Häufung der Instanzen, Dezernenten, die meist Ju-"
„risten sind, darunter die Werkleiter als Direktoren oder"
„Generaldirektoren mit ihren untergeordneten Betriebsdirek-"

„toren, dann die gemischten Verwaltungsdeputationen aus“
„Mitgliedern des Magistrats und der Stadtverordnetenver-“
„sammlung, bestehend als Organe des Magistrats, das Plenum“
„des Magistrats und schließlich die Stadtverordnetenversamm-‘
„lung, die vielleicht eine größere Vorlage wiederum durch“
„besondere Ausschüsse berät, bedeutet in der Tat eine außer-“
„ordentlich große Verzögerung der Geschäfte und eine eben-“
„falls gefährliche Zersplitterung der Verantwortlichkeit. Es“
„ist daher nicht verwunderlich, daß, wenn die Städte sich“
„mit diesen Apparaten auf dieses Gebiet begeben, sie ent-“
„weder ganz versagen müssen oder wenigstens eine ungeheure“
„Schwerfälligkeit, ein großes Schreibwerk und das Eindringen“
„fremder Motive mit in den Kauf nehmen müssen.“

Solcher Urteile aber würde es zur Kennzeichnung der Minderwertigkeit des reinen Regiebetriebes gar nicht bedürfen, denn wenn er so zweckmäßig und einwandfrei wäre, wie es beispielsweise auf dem erwähnten Städtetage hingestellt wurde und wie seine Anhänger in der sich seinerzeit dem Städtetag anschließenden Polemik behaupteten, so wäre jeder Gedanke an die Einführung einer anderen kommunalen Verwaltungsform unlogisch und überflüssig.

Wenn man also über die Schwächen und Mängel des reinen Regiebetriebes heute im Gegensatz zur Vorkriegszeit im großen und ganzen einig zu sein scheint, so bedeutet doch die Tatsache, daß ziemlich weitgehende Meinungsverschiedenheiten darüber herrschen, auf welche Weise man die gewerblichen Unternehmungen der Gemeinden beweglicher gestalten will, darauf hin, daß weder die Herausnahme der Werke aus der allgemeinen Verwaltung auf Grund des § 73 der neuen Städteordnung, noch auch ihre Überführung in eine selbständige städtische Betriebsgesellschaft eine allgemein befriedigende Lösung des Problems bedeutet. Der von dem Gemeindearbeiterverband befragte Ehrenbürger der Stadt Berlin, Hugo Heimann, der die Verselbständigung der gemeindlichen Unternehmungen in Form einer A.-G. oder G. m. b. H. propagiert, äußert sich über diese Frage an einer anderen Stelle, nämlich in der „Gemeinde“ 1924, wie folgt:

„Sind alle kommunal-interessierten Kreise in der Partei“
„sich nun einig darüber, daß der bisherige rein bureaukratische“
„Apparat der Gemeinden zur Führung wirtschaftlicher Unter-“

„nehmungen unter den heutigen schwierigen Verhältnissen“
„versagen muß, so gehen die Meinungen noch auseinander,“
„was an die Stelle treten soll. Die städtischen Arbeiter wün-“
„schen so geringe Änderungen wie möglich aus der Befürch-“
„tung heraus, daß der Einfluß der sozialdemokratischen Ge-“
„meindevertreter zugunsten der Gestaltung der Arbeits-“
„bedingungen in anderen Organisationsformen abgeschwächt“
„werden würde. Die Befürchtungen erscheinen nicht durch-“
„schlagend, da die soziale Stellung der Arbeiter im Betriebe“
„nicht von der Betriebsform, sondern vor allem von der Stär-“
„kung der Gewerkschaft abhängt und überdies wachsame und“
„rührige sozialdemokratische Aufsichtsratsmitglieder genau so“
„wirksam sich für die Interessen der Arbeiter einsetzen kön-“
„nen, wie das die früheren Deputationsmitglieder getan“
„haben.“

Neben dem Eingeständnis der Schwäche des reinen Regiebetriebes stellt also Heimann die zweifellos richtige Behauptung auf, daß der politische Einfluß auf die gemeindlichen Betriebe unabhängig von der Unternehmungsform sei und er berührt damit einen Punkt, der für den Erfolg einer jeden Unternehmung der öffentlichen Hand, ganz gleichgültig in welcher Form sie betrieben wird, von weittragender, ja ausschlaggebender Bedeutung ist, nämlich den der Politisierung der Betriebe. Über diese Gefahren äußert sich treffend Prof. Dr. Lindemann in seiner bereits angezogenen Arbeit wie folgt:

„Ob die Abgrenzung der Zuständigkeit zwischen den städti-“
„schen Kollegien und der Betriebsgesellschaft (Königsberger“
„System) sich bewähren wird, ob es überhaupt möglich ist,“
„d. h. also, ob das jederzeit mögliche Eingreifen der Stadt-“
„verordnetenversammlung oder einzelner Parteien in ihr auf“
„die Dauer durch eine solche Konstruktion verhindert wird,“
„darüber kann allein die Erfahrung entscheiden. Auf jeden“
„Fall setzt der Versuch bei den Stadtverordneten einen ge-“
„wissen Verzicht auf früher besessene Rechte und vor allem“
„ein großes Maß von common sense wie der Engländer sagt“
„— ein Wort, das man mit „gesundem Menschenverstand““
„nicht ganz treffend übersetzt — voraus. Daran fehlt es aber“
„den Deutschen von jeher, vor allem auf politischem Gebiet,“
„wo Dogmatismus und Intoleranz jetzt stärker als je hervor-“

„treten. Heute dehnt sich überdies die parteipolitische Sphäre"
„ins Unbegrenzte aus; fast könnte man sagen, daß selbst der"
„Bau eines Abwässerungskanals unter politischen Gesichts-"
„punkten behandelt wird. Politische Parteien sind seit der"
„Revolution entstanden, deren Grundsatz geradezu die"
„Intoleranz ist und die jedem common sense abgeschworen"
„haben. In städtischen Körperschaften, wo solche Parteien"
„herrschen oder eine gewisse Rolle spielen, machen Dog-"
„matismus und Intoleranz jede verständige Organisation un-"
„möglich. Nirgends aber können diese schädlicher wirken"
„als bei der Verwaltung städtischer Betriebe."

Es ist also völlig gleichgültig, ob die gewerblichen Unternehmungen der öffentlichen Hand unter Herausnahme aus der allgemeinen Verwaltung als sogenannte verbesserte Regiebetriebe oder als rein öffentliche Betriebsgesellschaften geführt werden, die politische Beeinflussung ist schon aus dem Grunde nicht auszuschalten, weil sowohl die Verwaltungsräte der verbesserten Regiebetriebe, als auch die Aufsichtsräte der Betriebsgesellschaften nach politischen Gesichtspunkten zusammengesetzt werden. Auch das wird von führenden Kommunalpolitikern zugegeben, beispielsweise von Dr. Fr. Elsas, dem Vizepräsidenten des Deutschen Städtetages, der in den „Zukunftsaufgaben der deutschen Städte" sagt:

„Sicherlich ist dabei zuzugeben, daß bei der Notwendigkeit"
„die Zahl der Aufsichtsratsmitglieder zu begrenzen, an das"
„politische und wirtschaftliche Verständnis der Stadtver-"
„ordnetenversammlung große Anforderungen gestellt und"
„von ihr weitgehende Entsagung verlangt wird. Verlangt nur"
„eine der politischen Parteien der Stadtverordnetenversamm-"
„lung unter politischen Gesichtspunkten eine Vertretung im"
„Aufsichtsrat, so verlangen auch die übrigen Mitgliederver-"
„einigungen eine entsprechende Berücksichtigung."

Es ist also durchaus falsch, wenn man diese Aufsichts- und Verwaltungsorgane etwa mit dem Aufsichtsrat einer Privatgesellschaft identifiziert, denn während sich bei dem letztgenannten die Verhandlungen auf rein wirtschaftliche und technische Fragen innerhalb eines Gremiums von Fachleuten, also von Technikern, Finanzmännern und Kaufleuten zum Besten des Betriebes beschränken, liegt bei jenen stets die Gefahr vor, daß ihre Sitzungen und Beratungen zum Schaden der Werke zum Tummelplatz politischer Auseinandersetzungen werden. Daß auch Anhänger des Regiebetriebes diese Gefahr nicht unterschätzen, zeigen ebenfalls die Ausführungen des Prof. Lindemann in seinem bereits angeführten Aufsatz „Kommunalisierung und Entkommunalisierung“. Da sich in ihnen alle die Mängel und Schwierigkeiten auch der verbesserten und beweglicher gestalteten Regiebetriebe zusammengefaßt widerspiegeln, seien sie hier im Wortlaut wiedergegeben. Bezüglich der Herausnahme der gewerblichen Betriebe und ihrer Unterstellung unter einen selbständigen Verwaltungsrat an Stelle der bisher üblichen Verwaltungsdeputation führt Prof. Lindemann unter Bezugnahme auf die Berliner Städtischen Werke, die nach Übernahme aus Privatbesitz durch die Stadt ursprünglich in dieser Form betrieben wurden, aus:

„Die Bezeichnung der Aufsichtsdeputation als Aufsichtsrat“ „war geeignet, über ihr Wesen zu täuschen. Tatsächlich übte“ „sie neben der Aufsicht über die Tätigkeit der Direktion“ „wichtige Verwaltungsakte aus, die die Direktion nur vor-“ „zubereiten hatte. So übte sie eigentliche Verwaltungstätig-“ „keit in den folgenden wichtigen Fällen aus:“

„Sie regelte den Geschäftsgang bei der Direktion und die“ „Geschäftsverteilung und entschied bei Beschwerden gegen“ „die Direktion. Sie bereitete ferner die Festsetzung der all-“ „gemeinen Strompreise und Lieferungsbedingungen, sowie“ „den Etatentwurf und Jahresabschluß an Hand der An-“ „träge der Direktion vor. Die Direktion führte zwar die Ge-“ „schäfte selbständig, sie blieb aber nicht nur der dauernden“ „Aufsicht der Deputation, sondern auch den Anordnungen“ „des Magistrats unterstellt. Der Magistrat konnte also jede“ „ihm schädlich erscheinende Direktionsmaßnahme sofort ver-“ „hindern. In anderen Städten bestehen im wesentlichen die-“ „selben Verhältnisse.“

„Es liegt auf der Hand, daß durch eine derartige Regelung“ „die Beweglichkeit der Verwaltung außerordentlich erhöht“ „und ihre Initiative gestärkt wird. Doch kann bei dieser Be-“ „grenzung der Zuständigkeit die Frage nicht unterdrückt“ „werden, ob der Stadtverwaltung neben der Direktion noch“ „genügend Spielraum bleibt. Neben dieser spielt eigentlich“ „nur noch der Vorsitzende des Aufsichtsrates eine bedeutsame“

„Rolle. Im Grunde bedeutet diese Organisation weitere Aus-“ „bildung der Bureaukratie und deren größere Selbständigkeit“ „auf Kosten der Verwaltung. Den Ausschüssen der Selbst-“ „verwaltungskörper werden Funktionen abgenommen und“ „Beamten übertragen. An die Stelle der Kollegien werden“ „einzelne Personen gesetzt. Ob diese weitergetriebene Aus-“ „höhlung der Selbstverwaltung und Zurückdrängung der“ „ehrenamtlichen Mitglieder der Selbstverwaltung zugunsten“ „der Bureaukratie nicht schließlich das Ende der Selbstver-“ „waltung bedeutet?“

Bezüglich der Überführung der gemeindlichen Betriebe in rein kommunale Betriebsgesellschaften aber nimmt Prof. Lindemann unter Bezugnahme auf das Beispiel Königsberg folgende Stellung ein:

„Der Aufsichtsrat besteht in Königsberg aus 21 Mitgliedern,“ „5 Mitgliedern des Magistrats, 10 Stadtverordneten und 6 an-“ „deren Bürgern, er ist also seiner Zusammensetzung nach“ „nichts anderes als eine gemischte Verwaltungsdeputation“ „der Städteordnung. Alles hängt davon ab, wie die Stadt-“ „verordneten ihr Wahlrecht gebrauchen. Nun ist der Grund-“ „satz aufgestellt, daß der Aufsichtsrat aus Fachleuten be-“ „stehen soll, nicht aus Politikern. Es sollen, wie z. B. in“ „Berlin vorgeschlagen wurde, unabhängige Personen gewählt“ „werden, die in den Direktionen und Aufsichtsräten großer“ „industrieller Unternehmungen tätig gewesen seien. Die“ „genannten Personen beteiligen sich an den Aufsichtsräten“ „privater Unternehmungen doch nur deshalb, weil sie einmal“ „durch größeren Aktienbesitz kapitalistisch an dem Unter-“ „nehmen beteiligt sind oder weil sie im Auftrage von Gesell-“ „schaften handeln, die finanziell durch Kapitalbeteiligung,“ „Lieferungen usw. an dem Unternehmen interessiert sind.“ „Beides fällt bei städtischen Aufsichtsräten fort; die Kapital-“ „beteiligung fällt fort, da das gesamte Kapital in den Händen“ „der Stadt ist; würde sich aber die Teilnahme an dem Auf-“ „sichtsrat auf das Interesse an Liefungen stützen, so wäre“ „das außerordentlich bedenklich. Es bleibt also nur noch“ „das Interesse an dem Gedeihen der Allgemeinheit, der Bürger-“ „sinn als Motiv übrig. Ob das ausreichend ist, wäre abzu-“ „warten. Jedenfalls aber kann man den Zweifel aussprechen,“

„ob bei umfassenderer Anwendung des Systems der Betriebs-“ „gesellschaften für die verschiedenen Zweige der Stadtver-“ „waltung sich genügend Fachmänner der erforderlichen“ „Qualität zur Verfügung stellen. Geschieht das nicht, würde“ „der Aufsichtsrat nicht viel anders als eine gemischte Depu-“ „tation und auch nicht geeigneter zusammengesetzt sein.“ „Der gleiche Zweck ließe sich dann wohl so gut durch die“ „Herausnahme der Werke aus der allgemeinen Verwaltung,“ „wie auf dem Wege einer Betriebsgesellschaft erreichen.“ „Vor allem wird es als wichtig bezeichnet, die politischen“ „Parteien als solche von dem Aufsichtsrat auszuschließen,“ „da hervorragende Fachleute nicht geneigt sein würden, mit“ „politischen Vertretern zu arbeiten. Die Behauptung mag“ „richtig sein oder nicht, fraglich ist es, ob in der Praxis die“ „politischen Parteien auf eine Vertretung verzichten können“ „und ob die Fachleute sich z. B. bei bestimmten Fragen, wie“ „Arbeiterfragen von vorgefaßten politischen Meinungen fern-“ „halten können. Man wird auch dieses bezweifeln dürfen.“

„Selbst wenn die Stadtverordneten darauf verzichteten,“ „Mitglieder in den Aufsichtsrat zu delegieren, wäre die Ord-“ „nung des Verhältnisses von Stadtverordneten zur Betriebs-“ „gesellschaft nicht minder wichtig. Wie sollen Fragen ent-“ „schieden werden, die für die Betriebsführung von grund-“ „sätzlicher Natur sind, z. B. bei Tarifen, die Aufstellung“ „von Grundsätzen für die Anstellung von Beamten, bei“ „Tarifverträgen mit den Gewerkschaften usw.? Nach dem“ „Königsberger Statut sind alle solche Fragen von der Gesell-“ „schaft nicht selbständig, sondern im Einverständnis mit“ „den zuständigen städtischen Körperschaften zu regeln. Da-“ „mit ist der Einwirkung der Stadtverordnetenversammlung“ „Tür und Tor geöffnet, auch wenn es nachher im Vertrage“ „heißt, daß alle Einzelfragen nach den von den städtischen“ „Körperschaften festgelegten Richtlinien von der Betriebs-“ „gesellschaft selbständig zu erledigen sind.“

Aus diesen Ausführungen eines gewiß führenden Kommunalwissenschaftlers, den auch die Partei der Kommunalisierungsthese gelten lassen wird und der sich selbst in der Umfrage des Gemeindearbeiterverbandes als unbedingten „Anhänger der kommunalen Regie“ bezeichnet, kann schon ersehen werden, daß die

Mängel und Unzulänglichkeiten des Regiebetriebes keinesfalls einfach dadurch zu beseitigen sind, daß er aus der allgemeinen Verwaltung herausgenommen und die Werkdeputation durch einen selbständigen Verwaltungsrat ersetzt wird, oder daß ihm das privatwirtschaftliche Mäntelchen der A.-G. oder G. m. b. H. umgehängt wird. Damit kommt man wohl der Form der Privatwirtschaft nahe, nicht aber ihrem Geist, ohne den die gleichen Erfolge nie zu erzielen sein werden. Die Gefahr der Politisierung der Betriebe besteht übrigens auch nach dem Urteil erfahrener und führender Praktiker. Auch hierfür sei ein Zeugnis angegeben, und zwar das des Vorstandsmitgliedes der Berliner städtischen Gaswerke A.-G., Dr. Walter Alexander, der in Nr. 5 Jahrgang 1926 der Zeitschrift „Staats- und Selbstverwaltung" sagt:

„Wenn weiter als einer der Beweggründe für die Abtrennung" „der städtischen Betriebe aus der allgemeinen städtischen" „Verwaltung der Wunsch nach Entpolitisierung der Betriebe" „genannt ist, so ergibt sich, daß die Frage der Politik bei der" „wirtschaftlichen Führung der Betriebe außer acht bleiben" „muß, wenn das wirtschaftliche Ergebnis nicht beeinträchtigt" „werden soll. Es wird wohl auch allenthalben anerkannt," „daß die Politik bei der Führung der Betriebe außer acht" „bleiben soll, aber es muß auch gesagt werden, daß weder" „die Führung der städtischen Betriebe als Sonderbetriebe" „im Rahmen der städtischen Verwaltung, noch die Führung" „dieser Betriebe als Unternehmen privaten Rechts eine si-" „chere Gewähr dafür bieten, daß die Politik unbedingt aus" „der Führung der Betriebe herausbleibt."

Es erscheint demnach außerordentlich zweifelhaft, ob nicht die Beweglichkeit und Freiheit in der Geschäftsführung mit der teilweisen Emanzipation von der Selbstverwaltung recht teuer erkauft ist. Schon jetzt, wenige Jahre nach der Einführung der genannten beweglichen Betriebsformen, macht sich in den Kreisen der Magistrate und der Stadtverordnetenversammlungen, aber auch in der Öffentlichkeit eine gewisse grundsätzliche Unzufriedenheit mit diesen Systemen bemerkbar, die mit der Ausschaltung der Mehrzahl der amtlichen und ehrenamtlichen Vertreter der Bürgerschaft begründet wird. Oberbürgermeister Dr. Lueken, Kiel, beispielsweise, ein grundsätzlicher Anhänger des Regiebetriebes, lehnte auf dem X. Preußischen Städtetage die Überführung der gemeindlichen Betriebe in reine kommunale Betriebsgesellschaften aus folgendem Grunde ab:

„Es scheint mir so, daß dem Magistrat in seiner Gesamtheit" „die Führung aus der Hand genommen wird und in grund-" „legenden und wichtigen Sachen in einen kleinen Aufsichtsrat" „hineingeschoben wird, während sonst gegenüber allen Depu-" „tationen der Magistrat auch in aller Form die letzte Instanz" „ist. Ich höre, daß auch in Königsberg doch neuerdings man-" „cher Einwand erhoben wird, insbesondere aus Kreisen der" „Stadtvertretung, der nach ihrer Ansicht ein genügender" „Einblick in die Vorgänge nicht gegeben wird."

Und Stadtrat Jursch, Berlin, erklärte auf der Mitgliederversammlung des Vereins für Kommunalpolitik und Kommunalwirtschaft in Danzig bei Behandlung der Berliner Städtischen Werke folgendes:

„. . . jetzt verwaltet jeder Betrieb das betreffende Werk" „in Form einer G. m. b. H., deren Anteile sich im Besitze der" „Stadt befinden. Heute liegen die Verhältnisse so, daß die" „einzelnen politischen Parteien indie Gesellschaften Aufsichts-" „ratsmitglieder hineingeschickt haben, daß aber weder die po-" „litischen Parteien noch die Stadtverordnetenversammlung" „noch mal etwas erfahren, was eigentlich in den Betrieben" „los ist. Das ist das, was ich besonders bedaure; es besteht" „jetzt nicht mehr eine völlige Klarheit über die Verwaltung" „der Betriebe."

Die Entwicklung der Berliner Städtischen Elektrizitätswerke seit ihrer Übernahme in städtische Regie ist aus dem Grunde besonders interessant und für die Beurteilung des sogenannten verbesserten Regiebetriebes besonders lehrreich, als sie ursprünglich in dieser Form unter Herausnahme aus der allgemeinen Verwaltung einem, selbstverständlich nach politischen Gesichtspunkten zusammengesetzten 14-gliedrigen Ausschuß unterstellt war, der die Funktionen eines Aufsichtsrates ausübte. Die seinerzeit ebenfalls vorgeschlagene Überführung in eine rein städtische Aktiengesellschaft wurde mit der Begründung abgelehnt, daß bei einer solchen „den Gemeindebehörden nicht diejenige Einwirkung auf die Geschäftsführung im einzelnen zustehen würde, wie sie im öffentlichen Interesse durchaus erforderlich ist und auch dem Wesen der Selbstverwaltung entspricht". Heute werden die

Städtischen Elektrizitätswerke in Form einer Aktiengesellschaft betrieben; die Stadt hat also auf die „im öffentlichen Interesse durchaus erforderlichen Einwirkungen auf die Geschäftsführung" verzichtet, ohne allerdings dadurch mit der angestrebten Entpolitisierung auch nur einen Schritt weiter gekommen zu sein.

Aber nicht nur mit dem Ausschluß der Öffentlichkeit und mit der erheblichen Beschränkung der letzten Endes doch verantwortlichen städtischen Körperschaften müssen die Mängel der verselbständigten und angeblich verbesserten Regiebetriebe begründet werden, sondern in Verbindung damit vor allem auch mit der Tatsache, die auch Prof. Lindemann hervorhebt, daß es selbst innerhalb der einzelnen Parteien keineswegs leicht ist, geeignete Mitglieder zur Übernahme einer noch weitergehenden ehrenamtlichen Tätigkeit, wie es die eines Stadtverordneten bereits ist, zu bestimmen. Es ist nicht zu leugnen, daß die Freude an ehrenamtlicher Tätigkeit immer mehr abnimmt. Die Gründe hierfür seien nicht untersucht; vielleicht ist es richtig, was die sozialistische „Sächsische Gemeindezeitung" hierüber sagt:

„Je roher es in den Gemeindeparlamenten zugeht, um so"
„mehr werden sich Männer und Frauen, die in der Gemeinde"
„wertvolle Arbeit leisten könnten und die achtbare Persön-"
„lichkeiten sind, vom öffentlichen Leben zurückziehen. An"
„ihre Stelle treten dann Lärmbrüder und Raufbolde, deren"
„gemeindepolitisches Können meist in umgekehrtem Ver-"
„hältnis zur Größe ihres Mundwerkes und zur Stärke ihrer"
„Lungen steht. Wenn Unfähigkeit und Unwissenheit die"
„einzigen Mängel solcher Gemeindevertreter wären, möchte"
„es noch angehen. Leider sind diese Schreier nicht selten"
„Menschen, die ihr Mandat zum Erreichen persönlicher Vor-"
„teile mißbrauchen oder es wenigstens versuchen."

Abgesehen hiervon aber besteht bei den verselbständigten Gesellschaften infolge der unvermeidlichen Politisierung der Aufsichtsorgane zweifellos die weitere Gefahr, daß sie die gewonnene Freiheit mißbrauchen etwa in einer Art, vor der Oberbürgermeister Dr. Most in den „Zukunftsaufgaben der Deutschen Städte" wie folgt warnt:

„Die „Vereinfachung" darf nicht zu einem völligen Mangel"
„an öffentlicher Kontrolle, die Einführung „privatwirtschaft"-"
„licher Grundsätze" nicht zu einer Verwaltung fremden Ver-"
„mögens so, als ob es das eigene wäre, führen."

In ähnlichem Sinne äußert sich Dr. Sogemeier, Berlin (in „Die Deutsche Wirtschaft“), mit den Worten:

„Die den Kommunen durch die Steinsche Gesetzgebung“ „gewährte freie Selbstverwaltung ist durch die parteipolitische“ „Umgestaltung der Gemeindeparlamente in eine gefährliche“ „Entwicklung gekommen. Auf dem Gebiete der Sach- und“ „Personalausgaben suchen die verschiedenen Parteien sich“ „zu übertrumpfen, um sich bei den Wählern möglichst beliebt“ „zu machen. Es werden alle Angriffe auf die Gemeindefinanz-“ „politik vielfach als Verletzung der kommunalen Selbstver-“ „waltung hingestellt, anstatt daß gerade die Verfechter der“ „Selbstverwaltung sich darüber klar sein sollten, daß Selbst-“ „verwaltung gleichbedeutend ist mit der ernsten Pflicht der“ „Selbstbeschränkung. Dieser Grundsatz wird freilich sehr“ „schwer durchzusetzen sein, da vielfach diejenigen Steuern“ „beschließen, die sie nicht zu bezahlen haben.“

Interessant in dieser Hinsicht ist schließlich noch das folgende Urteil eines der besten Kenner der kommunalen Wirtschaftspflege, des bekannten Berliner Stadtverordneten Dr. Caspari (vgl. „Städtische Gesellschaften“, Kommunale Umschau 1925 Seite 110).

„. . . weniger durchsichtig liegen die Verhältnisse bei den“ „Gas-, Wasser- und Elektrizitätswerken. Zweifellos hat“ „gegenüber der Inflationszeit eine wesentliche Besserung“ „eingesetzt. Aber hier scheint, und damit komme ich auf“ „das wesentliche Bedenken gegen die städtischen Gesellschaf-“ „ten überhaupt, weitgehend Thesaurierungspolitik getrieben“ „zu werden. Die Tarife bei Gas und Wasser sind nicht niedrig,“ „die Elektrizitätswerke haben einen auf eine hohe Zähler-“ „miete und verhältnismäßig niedrige Stromgebühren auf-“ „gebauten Tarif, der gerade von den minderbemittelten“ „Schichten als drückend empfunden wird, an dem aber die“ „Gesellschaft mit Energie festhält. Der Ertrag der Werke“ „für die Kämmereikasse ist im Verhältnis zu dem investierten“ „Kapital gering. 5 vH des Bruttoertrages müssen sie als“ „Pachtsumme nach dem Überlassungsvertrage abliefern.“ „Die Herausnahme weiterer Überschüsse zu allgemeinen“ „Zwecken haben sie, wie auch die Straßenbahn, dadurch“ „unmöglich gemacht, daß sie in ihre Goldbilanzen außer-“

„ordentlich hohe Kapitalentwertungskonten eingesetzt haben,“ „bis zu deren Ausgleichung ihnen die Verteilung von Über-“ „schüssen gesetzlich untersagt ist. Darin, daß es unmöglich“ „war, in dieser Weise die Interessen der Werkgesellschaften“ „über die der Gesamtverwaltung zu setzen, zeigt sich ein“ „„Werkfanatismus“, der nicht nur bei den Direktoren, die“ „ihn haben müssen, sondern auch bei allen Stadtverordneten,“ „die den Aufsichtsräten angehören, ohne Unterschied der“ „Fraktion besteht. Es entsteht dadurch die Gefahr, daß die“ „städtischen Werkgesellschaften im Gelde schwimmen, wäh-“ „rend für die Bedürfnisse der Verwaltung die Steuerkraft“ „der Bevölkerung aufs stärkste angespannt werden muß.“ „Dazu kommt, daß keine Gewähr dafür besteht, daß die“ „Überschüsse der Werke immer so verwendet werden, wie es“ „den Interessen der Bürgerschaft am besten entspricht.“

Aus den soeben behandelten Gründen müßte es wundernehmen, wenn die verselbständigten kommunalen gewerblichen Betriebe irgendwelche Erfolge aufzuweisen hätten, die im Vergleich zu denen der privaten bzw. gemischtwirtschaftlichen Unternehmungen als beachtenswert zu bezeichnen wären. In der Tat wissen weder die Geschäftsberichte von solchen zu berichten, noch auch die von dem Gemeindearbeiterverband befragten „führenden Kommunalpolitiker und leitenden Fachleute“, die sich in der Hauptsache auf unbewiesene allgemeine Redewendungen, wie: „wie das vorliegende umfangreiche Tatsachenmaterial zeigt“ (Hugo Heimann), „die Erfahrung hat gelehrt“ (Stadtrat Fischer), „die Zweckmäßigkeit . . . ist längst erwiesen“ (Stadtverordnetenvorsteher Großmann) usw. beschränken. Es muß wiederholt werden, daß es außerordentlich bedauerlich ist, daß die befragten Gutachter ihr „umfassendes Tatsachenmaterial“ und ihre „Erfahrungen“ nicht endlich einmal der Öffentlichkeit zur Nachprüfung unterbreiten. Solange das nicht der Fall ist, muß angenommen werden, daß ein solches Tatsachenmaterial überhaupt nicht besteht und daß es sich bei den Erfahrungen um solche handelt, die lediglich nach der rein subjektiven Ansicht ihrer Träger günstige sind. Solche Erfahrungen beweisen aber keinesfalls, daß mit anderen Betriebsformen, beispielsweise mit der der gemischtwirtschaftlichen Unternehmung, nicht noch weit größere Erfolge erzielt werden als diejenigen, die die Anhänger des Regiebetriebes in ihren eigenen Betrieben bereits als günstig bezeichnen und mit denen sie zufrieden sind. Solange nicht zahlenmäßig das Gegenteil bewiesen wird, besitzen auch heute noch die auf dem IV. Deutschen Städtetag in Köln von dem Straßburger Beigeordneten Regierungsrat Dr. Leoni gemachten Feststellungen, sowie das Ergebnis der von Dr. Majerczik angestellten Untersuchungen volle Gültigkeit, die die Überlegenheit der privaten, bzw. gemischtwirtschaftlichen Unternehmungsform über den Regiebetrieb erweisen und auf Grund deren beide Fachleute zu einer warmen Befürwortung der Beteiligung und Heranziehung des Privatkapitals an gemeindlichen Betrieben, also zu einer Empfehlung der gemischtwirtschaftlichen Unternehmungsform gelangen.

Im Gegensatz zu den Regiebetrieben und ihren verschiedenen Abarten, die abgesehen von allgemeinen, meist theoretischen Erörterungen bisher noch keine positiven Beweismittel für die Zweckmäßigkeit ihrer Unternehmungsform beizubringen vermochten ist die Privatwirtschaft hierzu sehr wohl in der Lage. Besonders wertvoll sind dabei die Urteile von Persönlichkeiten, die beide Betriebsformen, sowohl die kommunale als auch die private, aus Erfahrung kennen, also beispielsweise die Ausführungen von Majerczik — auf die bereits hingewiesen wurde —, oder von Oberbürgermeister Dr. Krause, Schneidemühl, der auf dem X. Preußischen Städtetag seine in der Praxis gewonnenen Erfahrungen wie folgt bekanntgab:

„Alle drei Werke (Gas-, Wasser- und Elektrizitätswerk)“ „wurden in rein kommunaler Regie verwaltet, mit gutem Er-“ „folge. Die Stadt erzielte aus den drei Werken einen erheb-“ „lichen Überschuß. Die Überschüsse aus den Werken haben“ „sich aber verdreifacht, nachdem wir den gemischtwirt-“ „schaftlichen Betrieb im Jahre 1922 eingeführt haben.“

Im Gegensatz hierzu stellt er den verbesserten Regiebetrieb, von dem er bei der gleichen Gelegenheit sagt:

„Alle kommunalen Verwaltungen haben einen Verwaltungs-“ „rat, welcher den Vorstand zu beaufsichtigen hat; er wird“ „von den Stadtverordneten gewählt, selbstverständlich nach“ „politischen Gesichtspunkten. Jede Neuwahl der Stadtver-“ „ordnetenversammlung bringt einen neuen Verwaltungsrat.“ „Hierdurch ist die Stetigkeit der Verwaltung auf das schwerste“

„gefährdet. Daneben hat aber die Stadtverordnetenversamm-“ „lung noch einen bedeutenden Einfluß; sie beschließt über“ „die Aufhebung der gesamten Verwaltungsordnung. Damit“ „kann sie jederzeit die gesamte Verwaltungsreform über den“ „Haufen werfen. Sie beschließt aber auch über die Aufnahme“ „von Anleihen, über die Verwendung des Überschusses; sie“ „kann dadurch den ganzen Betrieb wirtschaftlich lahmlegen.“

Geradezu als Typ der verbesserten Regieunternehmungsform wird Leipzig, das die gewerblichen Betriebe aus der allgemeinen Verwaltung herausgenommen und einem selbständigen Aufsichtsrat unterstellt hat, und Königsberg, das eine rein städtische Betriebsgesellschaft in Form einer G. m. b. H. gebildet hat, bezeichnet und es wird heute allgemein von einem Leipziger und einem Königsberger System gesprochen. Was Leipzig angeht, so ist darüber bereits gesprochen worden und es kann nur noch einmal festgestellt werden, daß, wenn Erfolge gegenüber dem früheren reinen Regiebetrieb überhaupt zu verzeichnen sind, diese jedenfalls in den Tarifen bisher nicht zum Ausdruck gekommen sind. Im Gegenteil! Die Tarife sind gegenüber der Zeit des reinen Regiebetriebes, d. h. gegenüber der Vorkriegszeit — wie die Statistik des Deutschen Städtetages feststellt — bei dem Lichtstrom um 150 vH, bei dem Kraftstrom um 35 vH gestiegen. Wenn die öffentliche Hand also immer von der Erfüllung sozialer und kultureller Aufgaben redet, für die möglichst billige Strompreise Voraussetzung seien, und wenn immer davon gesprochen wird, daß der Konsument Gas, Wasser und Strom „so billig wie möglich erhalten muß“ (Stadtverordnetenvorsteher Großmann, Aschersleben, in der Umfrage), so scheint das Leipziger System zur Erfüllung solcher Aufgaben nicht besonders geeignet zu sein. Über das Königsberger System aber kann man sich am besten ein Urteil aus dem wiederholt zitierten Organ der kommunal-politischen Zentralstelle der SPD, der „Gemeinde“ (Jahrgang 1926, Seite 477) bilden:

„Die Königsberger Werke G. m. b. H. legen ihren Ge-“ „schäftsbericht für das Jahr 1925 vor. Zu der G. m. b. H.“ „gehören das Elektrizitätswerk, das Gaswerk, die Straßen-“ „bahn, das Wasserwerk und die Kanalisationswerke. Die“ „Gewinn- und Verlustrechnung weist einen Gewinn von“ „101868,80RM. aus, der auf neue Rechnung übertragen wird.“

„Aus dem Geschäftsjahr 1924 stammt aber bereits ein Gewinn-“ „vortrag von 108355,23 RM., so daß also 1925 ein Teil der“ „alten Gewinnreserve zur Deckung eingetretener Verluste“ „verwendet werden mußte. Welche der einzelnen Abteilungen“ „sich als unrentabel erwies bzw. wie die einzelnen an dem“ „Gesamtergebnis partizipieren, läßt sich auf Grund des teil-“ „weise recht summarisch verfaßten Berichtes nicht sagen.“

„Die veröffentlichte Bilanz bringt teilweise detaillierte und“ „teilweise summarische Angaben über den Stand des Ver-“ „mögens. Das eigene Kapital besteht aus 20000 RM. Stamm-“ „kapital und 48081154 RM. Eigentum der Stadt. Die Lei-“ „stungen wiesen gegen das Vorjahr zum Teil erhebliche Steige-“ „rungen auf: Das Elektrizitätswerk Eigenerzeugung um“ „77,4 vH (?), Stromabgabe an das eigene Netz um 27,4 vH;“ „das Gaswerk Gaserzeugung 13,01 vH; die Straßenbahn be-“ „förderte 4,1 vH mehr. Alles erfreuliche Tatsachen, doch der“ „finanzielle Erfolg war trotzdem gering.“

Es sei dazu bemerkt, daß der Strompreis in Königsberg gegenüber der Vorkriegszeit um 25 vH bei Lichtstrom und ebenfalls um 25 vH bei Kraftstrom gestiegen ist, und daß er einige Zeit während des Jahres 1924, das einen Gewinn von rund 108000 RM. ergab, sogar um 80 vH bei Licht und um 150 vH bei Kraft erhöht war. Wie gesagt, handelt es sich bei den erwähnten Werken um solche, die als Muster für ganz bestimmte Systeme hingestellt und allgemein als „verbesserte“ Regiebetriebe bezeichnet werden. Man kann allerdings auch anderer Ansicht sein.

Daß die Überführung von privaten Betrieben in städtische Regie auch dann nicht eine zweckmäßige Wirtschaftsmaßnahme ist, wenn man ihnen auf Grund des Königsberger oder Leipziger Systems eine freiere und beweglichere Geschäftsführung gibt, zeigen die Ausführungen des — auch von dem Gemeindearbeiterverband befragten — früheren Berliner Kämmerers Dr. Karding in den Berliner Wirtschaftsberichten 1926 Seite 525ff. („Der Berliner Haushalt 1925 verglichen mit der Vorkriegszeit“):

„Das große Gebiet der Werke, Betriebe und Unterneh-“ „mungen zeigt im ganzen eine, wenn auch mäßige Verschlech-“ „terung. Während auf dieses Gebiet im Jahre 1911 ein Ertrag“ „von 8,54 RM. und ein Bedarf von 7,65 RM. pro Kopf der“ „Bevölkerung entfielen, sind die entsprechenden Zahlen für“

„1925 auf 6,24 RM. und 6,86 RM. herabgesunken. Per saldo“ „bedeutet das, daß an Stelle des Mehrertrages von 0,87 RM.“ „im Jahre 1911 ein Bedarf von 0,62 RM. im Jahre 1925 ge-“ „treten ist. Diese Verschlechterung beruht zur Hauptsache“ „auf den Mindererträgen der großen Werke, Gas-, Wasser-,“ „Kraftwerke und Straßenbahn, die zusammen 1911 einen“ „Ertrag von 8,30 RM. brachten, 1925 nur einen solchen von“ „5,85 RM. Dabei sind allerdingsfür 1911 auch die Beträge“ „berücksichtigt, die die damals noch privaten Werke an“ „Abgaben an die Alt-Berliner Kasse leisteten.“

In einem weiteren Aufsatz „Die großen städtischen Werke im Haushalt“, der sich ebenfalls in den Berliner Wirtschaftsberichten Jahrgang 1926 findet, stellt Dr. Karding ferner folgendes fest:

„Vor dem Kriege konnte man rechnen, daß etwa ein Zehn-“ „tel des Steuerertrages in Form von Abgaben und Über-“ „schüssen der Werke der laufenden Haushaltwirtschaft zu-“ „geführt wurde. Im Haushalt Alt-Berlins sollten 1914 die“ „Steuern 93 Mill. bringen, denen rund 10 Mill. an Werks-“ „einnahmen gegenüberstanden. Wenn man aber die Abgaben“ „hinzurechnete, welche die damals noch privaten Werke“ „(Große Berliner Straßenbahn und Berliner Elektrizitäts-“ „werke) zu zahlen hatten, so erhöhte sich der Ertrag für den“ „Haushalt auf rund 22 Mill., erreichte also über 20 vH des“ „Steuereinkommens.“

„Die Stadt legte den großen Werken, als sie ausgangs 1923“ „in rein städtische Betriebsgesellschaften umgewandelt wur-“ „den, zunächst nur die bescheidene Abgabe von 5 vH der“ „Bruttoeinnahmen auf, während die privaten Elektrizitäts-“ „werke vor dem Kriege 10 vH (dazu selbstverständlich noch“ „die Steuern), die Straßenbahn 8 vH hatten abgeben müssen.“ „Der Gesamtertrag, den die Stadthauptkasse im Jahre 1924“ „daraus zog, ging nicht über 8,7 Mill. RM. hinaus. Das war“ „gegenüber einem Steuerertrag von damals 330 Mill. RM.“ „wenig mehr als 2 vH. Auch 1925 würden die Werke geschont.“ „Erst vom 1. Januar 1926 an erhöhte man den Prozentsatz“ „der Bruttoabgabe auf 8 vH. Die Schwierigkeit, den Haus-“ „halt für 1926 zu balancieren, führte dann zu der weiteren“ „Erhöhung des Abgabensatzes von 10 vH mit Wirkung vom“ „1. April 1926 ab und zu der Forderung, neben der Brutto-“

„abgabe Überschüsse an die Stadthauptkasse abzuführen,“
„die zwar auch 1925 schon im Etat angesetzt waren, aber,“
„solange die Kapitalentwertungskonten der Betriebsgesell-“
„schaften noch bestanden, nicht abgeführt werden konnten.“

Das Geschäftsergebnis der Berliner Städtischen Elektrizitätswerke für das Jahr 1926 ließ es zwar zu, daß neben einer Dividende von 10 vH auf das geringe Aktienkapital von 15 Mill. RM. der etatmäßig vorgesehene Abgabensatz von 10 vH der Bruttoeinnahme und darüber hinaus noch eine Sonderabführung von 6,5 Mill. RM. an die Stadt geleistet werden konnte, die somit insgesamt rund 17 Mill. RM. erhielt. Trotz dieser absolut recht beachtenswerten Zahlungen an die Stadt ist aber dieses Ergebnis doch keineswegs besonders günstig, wenn mit ihm die Leistungen privater Werke an ihre Konzessionsgeber verglichen werden und wenn vor allem der Ausfall an Steuern in Rechnung gestellt wird. Aus den Angaben des Handbuches der deutschen Aktiengesellschaften für das Jahr 1927 läßt sich entnehmen, daß die dort behandelten privaten, bzw. gemischtwirtschaftlichen, in Form einer Aktiengesellschaft betriebenen Elektrizitätswerke im Jahre 1926 1,2 bis 2,2 Pf. je Kilowattstunde, im Durchschnitt 1,5 Pf. je Kilowattstunde an Steuern bezahlten, und daß sie darüber hinaus an ihre Konzessionsgeber noch durchschnittlich 3,2 Pf. an Abgaben, Pacht usw. abführten. Aus der Bilanz der Berliner städtischen Elektrizitätswerke geht hervor, daß bei diesen Werken die Kilowattstunde durch Steuern nur mit 0,3 Pf. belastet war und daß bei einer Stromabgabe von rund 717 Mill. kWst eine Abgabe an die Stadt in Höhe von 2,3 Pf. je Kilowattstunde entrichtet wurde. Die teilweise Steuerbefreiung kommt demnach einem Ausfall von 8,6 Mill. RM. gleich; es verbleiben von dem an die Stadt abgeführten Gesamtbetrag von 17 Mill. RM. also nur noch 8,4 Mill. RM., die die Verzinsung der der Stadt Berlin gehörigen Anlagewerte von rund 289 Mill. M. darstellen, was also einer Verzinsung von noch nicht 3 vH entspricht. Das ist ein außerordentlich bescheidenes Ergebnis, das wohl kaum als Empfehlung für die rein kommunale Betriebsgesellschaft dienen kann. Würden die Berliner Städtischen Elektrizitätswerke mit den gleichen Steuern belastet sein, wie die Privatwerke, und müßten sie eine einigermaßen angemessene Verzinsung der Anlagekapitalien, etwa in Höhe von 6 vH, erwirtschaften, so würde das Geschäftsergebnis für das Jahr 1926 unter Beibehaltung der sonst in der Gewinn- und Verlustrechnung ausgewiesenen Einnahmen und Ausgaben ein Defizit von rund 9 Mill. RM. ergeben, das nur durch eine entsprechende Erhöhung der Strompreise oder auf Kosten der heute ausreichend vorgenommenen Abschreibungen ausgeglichen werden könnte. Es ist dabei zu berücksichtigen, daß — wie auch aus den obenstehenden Ausführungen von Dr. Caspari hervorgeht — die Berliner Strompreise keineswegs besonders niedrig sind, und daß der Neubau des Großkraftwerks Klingenberg den Stadtverordneten dadurch besonders schmackhaft gemacht wurde, daß man eine wesentliche Ermäßigung der Tarife in Aussicht stellte. Eine solche Preissenkung ist jedoch ausgeblieben und sie wird in absehbarer Zeit auch nicht durchführbar sein, wenn neben einer Mindestgabe in Höhe der privaten Steuerleistung wenigstens eine einigermaßen angemessene Verzinsung der Anlagewerte gefordert werden sollte. Es ist interessant, im Zusammenhang hiermit auf ein Schreiben der Berliner Städtischen Elektrizitätswerke an die Berliner Industrie- und Handelskammer (Mitteilungen der Industrie- und Handelskammer Berlin 1926, Seite 838) hinzuweisen, das eine Beschwerde über die für die Industrie viel zu hohen Tarife mit folgenden Worten abtut:

„Die Bewag steht auf dem Standpunkt, daß der Vorkriegs-“
„preis von 8,5 Pf. falsch und unkaufmännisch berechnet ge-“
„wesen wäre, weil er nicht den Ausbau der Werke gestattete.“
„Bei gut geleiteten Elektrizitätswerken haben die Preise auch“
„vor dem Kriege etwa 16 Pf. betragen.“

Zu diesem Vorwurf der falschen und unkaufmännischen Kalkulation der Strompreise und zu dem der mangelhaften Leitung kann aber doch wohl mit Recht bemerkt werden, daß die seinerzeit privaten Berliner Elektrizitätswerke trotz des billigen Preises technisch stets und durchaus auf der Höhe standen, daß sie insbesondere die Unterhaltung, Erweiterung und Erneuerung ihrer Werke aus eigenen Mitteln zu bestreiten vermochten, daß sie in Verbindung mit den anderen privatbetriebenen Werken außer der Zahlung der beträchtlichen Steuern etwa ein Achtel des gesamten Steuerertrages der laufenden Haushaltwirtschaft in Form von Abgaben zuführten und daß sie ihre Anlagewerte angemessen verzinsten. Heute tragen die Berliner Städtischen Elektrizitätswerke nur mit noch nicht 3 vH zur Entlastung des Haushalts bei; sie verzinsen ihre Anlagewerte — wie oben gezeigt ist — mit der kümmerlichen Quote von ebenfalls noch nicht 3 vH und das, obwohl der Strompreis für industrielle Verbraucher um 88 vH, unter Berücksichtigung der Grundgebühr um noch mehr gestiegen ist.

Daß das soeben behandelte Ergebnis der Berliner Städtischen Elektrizitätswerke ein recht mäßiges ist, zeigt auch eine Gegenüberstellung mit anderen vergleichbaren Werken, etwa dem Elektrizitätswerk Südwest oder den Hamburgischen Elektrizitätswerken. Das erstgenannte Werk zahlte bereits im Jahre 1925, also zu einer Zeit, in der nach Dr. Karding die städtischen Werke noch „geschont" wurden, außer den Steuern und Dividenden 1608763 RM., das sind bei einem Stromverbrauch von 52596930 kWst rund 3 Pf. je Kilowattstunde an Abgaben und der Hamburgische Staat erhielt von den privaten Hamburgischen Elektrizitätswerken ohne Steuern 13054383 RM. entsprechend 5,9 Pf., mit Steuern dagegen 17081526 RM. entsprechend 8 Pf. je abgegebene Kilowattstunde.

Bezüglich der dritten von dem Verband der Gemeinde- und Staatsarbeiter gestellten Frage, ob gemischtwirtschaftliche Betriebe für leistungsfähiger gehalten werden als reine Kommunalbetriebe, ist festzustellen, daß es von der Mehrzahl der Beantworter in Konsequenz ihrer Anschauungen über den Regiebetrieb verneint wird. Immerhin lassen einige Gutachter die gemischtwirtschaftliche Unternehmungsform gelten, ja sie halten sie, wie beispielsweise Oberbürgermeister Holler, Offenburg, für die einzig mögliche, „wenn sich" — um mit den Worten des Bürgermeisters Treu, Nürnberg, zu sprechen — „die Leistungen der Werke über den eigenen Bedarf und die Grenzen der Gemeinden hinaus erstrecken". Diese Voraussetzung aber trifft bei keinem der gewerblichen Betriebe in einem solchen Maße zu, wie bei der Elektrizitätsversorgung, und es wäre aus volkswirtschaftlichen Gründen außerordentlich wünschenswert, wenn die Bildung interkommunaler Betriebe noch weit größere Fortschritte machen würde als bisher. Es würde das nicht nur eine wirkliche Rationalisierungsmaßnahme, sondern auch eine Lösung des Problems der zweckmäßigsten Verwaltungsform bedeuten, wenn man sich die Ansicht des Oberbürgermeisters Holler zu eigen machen würde.

Im übrigen ist zu dem Ergebnis der Umfrage hinsichtlich der gemischtwirtschaftlichen Unternehmungsform kaum noch etwas zu sagen, da es bereits bei Behandlung der beiden ersten Fragen berücksichtigt ist, und da die Ablehnung seitens der befragten Gutachter in der Hauptsache ohne Angabe von Gründen erfolgt, es sei denn, daß man eine Argumentation, wie sie beispielsweise Stadtrat Möglich, Brandenburg, gibt, „daß alles Gemischtwirtschaftliche einen hinterhältigen Charakter hat", als Begründung ansieht. Über solche eigentümliche Ansichten zu diskutieren wäre selbstverständlich zweck- und erfolglos. Es kann aber auch hier nochmals auf Majerczik verwiesen werden, der auf Grund seiner Untersuchungen die Empfehlung und Befürwortung des gemischtwirtschaftlichen Betriebes mit „der wirtschaftlichen Überlegenheit über die rein kommunalen Betriebe" motiviert. Es sei dabei nochmals hervorgehoben, daß Majerczik seiner politischen Einstellung nach unbedingter Anhänger des Regiebetriebes sein sollte.

VIII. Die Lohn- und Arbeiterfrage.

Wenden wir uns noch kurz der sozialen Lage der Angestellten und Arbeiter zu, die ebenfalls in der Beantwortung der Umfrage eine gewisse Rolle spielt, so wird man wohl ganz allgemein zugeben müssen, daß diese Frage gegenüber der Vorkriegszeit schon aus dem Grunde an Bedeutung verloren hat, weil die Lohnfragen, Urlaubsverhältnisse usw. durch Tarifverträge mit den Gewerkschaften geregelt sind. Wesentliche Unterschiede werden also in der Entlohnung der Arbeiter in kommunalen und privaten Werken kaum feststellbar sein. Werden aber solche Feststellungen gemacht, dann führen sie zu dem Ergebnis, daß die Arbeiter der Privatwirtschaft gegenüber denen der Regiebetriebe durchschnittlich auch heute noch höher entlohnt werden. In den Berliner Wirtschaftsberichten findet sich eine, leider nur bis zum Dezember 1924 durchgeführte Arbeit über die Löhne der städtischen Arbeiter in Berlin, die für die in den Gaswerken und Elektrizitätswerken am 15. Dezember 1924 gezahlten Arbeitslöhne folgende Aufstellung bringt:

Stundenlohn ohne soziale Zulage:

	durchschnittlich
Ungelernte Arbeiter	69 Pf.
Angelernte Arbeiter	74 „
Handwerker	79 „
Qualifizierte Handwerker	84 „

Demgegenüber betrugen die Durchschnittslöhne in der Berliner Privatindustrie in gleichen oder ähnlichen Betrieben und zu der gleichen Zeit:

Arbeiter	72 Pf.
Gelernte Arbeiter	84,5 „
Gehobene gelernte Facharbeiter	90,5 „

Es mag sein, daß die Einteilung der einzelnen Arbeitnehmerkategorien nicht nach völlig gleichen Gesichtspunkten erfolgt ist, das ist jedoch unwesentlich, da die Spanne zwischen den kommunal- und privatbezahlten Löhnen immerhin eine so beträchtliche ist, daß keinesfalls behauptet werden kann, die Arbeitnehmer der Regiebetriebe würden besser entlohnt als die der Privatwirtschaft.

Daß eine solche Behauptung durchaus unzutreffend wäre, zeigt beispielsweise auch eine dem Jahresbericht des Verbandes der Gemeinde- und Staatsarbeiter für das Jahr 1925 entnommene Gegenüberstellung der Löhne in den städtischen Gas- und Wasserwerken Berlins und bei den privaten Charlottenburger Wasserwerken, die folgende Zahlen bringt:

1. Löhne in den Berliner städtischen Gas- und Wasserwerken.

	Januar	Dezember
Ungelernte	59 Pf./Std.	73 Pf./Std.
Angelernte	65 „	79 „
Handwerker und Schichtarbeiter	76 „	90 „
Wirtschaftsbeihilfe		3 „

2. Löhne der Charlottenburger Wasserwerke A.-G.

	Januar	Dezember
Ungelernte	70 Pf./Std.	83 Pf./Std.
Angelernte	77 „	90 „
Handwerker ohne Lehrbrief	86 „	99 „
Handwerker mit Lehrbrief	92 „	105 „
Qualifizierte Handwerker	115 „	131 „
Frauenzulage	1 „	— „
Kinderzulage	2 „	— „
Frauen- und Kinderzulage	— „	je 3 „

Dieses zahlenmäßige Ergebnis wird bestätigt und noch verallgemeinert durch den Bericht des Verbandes der Gemeinde- und Staatsarbeiter über das Jahr 1926, der über die Lohnverhältnisse in den Reichsbetrieben folgendes sagt:

„Im Durchschnitt betrug nach dem Stande vom 1. Ja-“
„nuar 1926 der Spitzenlohn der gelernten Arbeiter in Reichs-“

„betrieben unter Berücksichtigung der Frauenzulage in Höhe“
„von 3 Pf., wie der Kinderzulage von 3 Pf., sowie der höchsten“
„Dienstalterszulage in Höhe von 4 Pf. nach sechs Dienst-“
„jahren vom 21. Lebensjahre ab gerechnet in 26 der wichtig-“
„sten Städte Deutschlands 76,3 Pf. Der Durchschnittslohn“
„der Ungelernten unter Berücksichtigung der gleichen Zu-“
„lagen 61,5 Pf. Es stehen demnach die Löhne der Arbeiter“
„in den Reichsbetrieben nicht nur denen in der Privatindustrie“
„nach, wo nach der „Gewerkschaftszeitung“ (Nr. 7, 36. Jahr-“
„gang vom 13. Februar 1926) im Monat Dezember 1925 für“
„45 verschiedene Arbeitergruppen aus 25 Städten ein Durch-“
„schnittsstundenlohn von 88 Pf. errechnet ist, sondern auch“
„gegenüber den Löhnen der Arbeiter in den Gemeindebetrie-“
„ben, wo am Jahresschluß (Jaunar 1926) in 26 Wirtschafts-“
„bezirken für die Ungelernten ein solcher von 66,2 Pf. errechnet“
„net worden ist.

Hinsichtlich der Angestellten aber scheint es so, daß diese bei den Regiebetrieben heute im allgemeinen schlechter gestellt sind als in der Vorkriegszeit, in der sie in der Mehrzahl die Pensionsberechtigung auch dann besaßen, wenn sie nicht leitende Beamte waren. Die „Verbesserung“ des Regiebetriebes hat es aber mit sich gebracht, daß an die Stelle der Beamtenqualität das rein privatwirtschaftliche Angestelltenverhältnis getreten ist, ohne daß dieser Verlust durch eine höhere Entlohnung ausgeglichen würde. Diese auf Privatdienstvertrag angestellten Kräfte nach den Normen der Privatwirtschaft zu bezahlen, tragen die Stadtverwaltungen Bedenken, da sie nicht mit Unrecht befürchten, daß eine solche höhere Entlohnung eine starke Unzufriedenheit in den Kreisen der etatsmäßig angestellten Beamten zur Folge haben würde. Pensionsfonds und dgl. aber mit irgendwelchen nennenswerten Mitteln auszustatten, wie das heute bei der Privatwirtschaft in noch höherem Maße geschieht als vor dem Kriege, dazu fehlt den Regiebetrieben im allgemeinen das Geld. R. Münnich, Bureauoberinspektor beim städtischen Gaswerk, äußert sich in der Zeitschrift für Kommunalwirtschaft 1926, Nr. 19, zu diesem Punkte wie folgt:

„Auch zu der Frage „Beamte oder Angestellte“ möchte“
„ich noch einige Worte sagen: Die Altersversorgung des“
„Beamten ist fraglos von eminent sozialer Bedeutung und“

„macht ihn tatsächlich zum wirtschaftlich freien Mann."
„Sollte es aber nicht auch möglich sein, für die Angestellten"
„der Deutschen Licht- und Wasserwerke eine eigene Pen-"
„sionskasse einzurichten? Einige Privatgesellschaften be-"
„sitzen sie seit vielen Jahren."

Mit ähnlichen Äußerungen aus den Zeitschriften der verschiedenen Interessenverbände könnte in stattlicher Menge aufgewartet werden.

Schließlich verteidigten die Anhänger des Regiebetriebes ihren Standpunkt vor dem Kriege auch damit, daß die Gas-, Wasser- und Elektrizitätswerke schon aus dem Grunde in den Besitz der öffentlichen Hand gehörten, weil die Versorgung mit so wichtigen Bedarfsartikeln des täglichen Lebens keinesfalls durch Streiks in Frage gestellt werden dürfe. Es kann zugegeben werden, daß früher die Streikgefahr in der Privatwirtschaft im allgemeinen eine größere war als bei den Regiebetrieben, obwohl auch bei diesen sehr wohl Arbeitseinstellungen zu verzeichnen waren und obwohl bei den privaten Betrieben der genannten Art im Verhältnis zu der Gesamtziffer Streiks verschwanden. Auch in diesen Verhältnissen aber ist ein gewaltiger Umschwung eingetreten, und zwar insofern, als heute die Gefahr einer Arbeitseinstellung bei den kommunalen Betrieben größer ist als bei den privaten. Die Richtigkeit dieser Behauptung wird nicht nur durch die Erfahrungen der letzten Jahre, sondern zahlenmäßig auch durch die Geschäftsberichte des Verbandes der Gemeinde- und Staatsarbeiter bewiesen, die beispielsweise für das Jahr 1925 728 Lohnbewegungen mit 321389 Beteiligten anführen, von denen 606 mit 295622 Beteiligten auf die Betriebe der öffentlichen Hand und 122 mit 25767 Beteiligten auf private und gemischtwirtschaftliche Unternehmungen entfielen. Man braucht sich dabei auch nur der häufigen Streiks etwa bei den Berliner Städtischen Elektrizitätswerken zu erinnern und diesen den durch Arbeitseinstellungen beinahe überhaupt nicht berührten Betrieb des privaten Elektrizitätswerks Südwest gegenüberstellen. Von dem den Gemeindearbeitern gewährleisteten Streikrecht wurde und wird auch heute noch — und zwar im Gegensatz zu den privaten Betrieben — ein so ausgiebiger und schrankenloser Gebrauch gemacht, daß sich selbst ein Friedrich Stampfer im „Vorwärts" zu folgender Äußerung veranlaßt sah:

„Wenn die Arbeiter, Angestellten und Beamten nicht be-“
„greifen, daß zwischen gemeinwirtschaftlichen Betrieben und“
„privatwirtschaftlichen ein Unterschied zu machen ist, dann“
„ist die Sache des Sozialismus verloren. Heute aber besteht“
„der Unterschied, der gemacht wird, höchstens darin, daß“
„man sich in gemeinwirtschaftlichen Betrieben vielleicht“
„leichter zum Streik entschließt als in privatwirtschaftlichen,“
„weil man in jenen mit geringeren Widerständen rechnen zu“
„können glaubt.“

Wenn also die Angestellten- und Arbeiterverhältnisse bei Beurteilung der Zweckmäßigkeit der einzelnen Unternehmungsformen nur insofern eine Rolle spielen, als sie sich gegenüber der Vorkriegszeit zugunsten der Privatwirtschaft verschoben haben, und wenn sie für die Beurteilung insofern an Bedeutung verloren haben, als sie keine so großen Unterschiede aufweisen, daß diese allein für die Bevorzugung der einen Betriebsform vor der anderen ausschlaggebend sein könnten, so besitzen sie doch ein erhebliches Gewicht, wenn die Frage aufgeworfen wird, ob es nicht richtig und zweckmäßig wäre, durch Einschränkung der Betriebe der öffentlichen Hand das Heer der in den Regiebetrieben beschäftigten Angestellten und Arbeiter zu vermindern. Diese Frage wird aus volkswirtschaftlichen Gründen unbedingt zu bejahen sein und auch die Arbeiter selbst würden sie schon aus wirtschaftlichen Gründen bejahen müssen, wenn bei ihnen nicht politischer Dogmatismus stärker wäre als wirtschaftliche Erkenntnis. Der frühere Staatssekretär Prof. Dr. Julius Hirsch stellt in seiner Arbeit „Der Anteil der öffentlichen Hand am Volksvermögen“ (abgedruckt in „Polizei und Wirtschaft“, Berlin 1926) fest, daß die Zahl der im öffentlichen Dienst stehenden Beamten, Angestellten und Arbeiter gegenüber der Vorkriegszeit außerordentlich stark gestiegen ist, und er kommt zu dem Ergebnis, daß „von je 11 Deutschen stets einer damit beschäftigt ist, die anderen 10 im öffentlichen Auftrag entweder zu verwalten oder zu versorgen“ und daß

„die allein in öffentlichen Wirtschaftsbetrieben Beschäftig-“
„ten mindestens 5 vH des arbeitenden deutschen Volkes aus-“
„machen, wahrscheinlich beträchtlich mehr.“

Welchen Einfluß eine solche ungeheure Angestelltenzahl allein in den Wirtschaftsbetrieben der öffentlichen Hand auf das gesamte Wirtschaftsleben Deutschlands unter Umständen auszuüben vermag, wird erst klar, wenn man das Verhältnis der politischen Parteien zur Wirtschaft berücksichtigt und auch die gerade in den letzten Jahren zur Genüge gemachten Erfahrungen nicht vernachlässigt, daß für das Gros der Angestellten und Arbeiter als oberste Richtlinie ihres Tuns und Lassens nicht die Rücksicht auf das Allgemeinwohl maßgebend ist, daß vielmehr an erster Stelle die Erfüllung des politischen Programms steht, mag sich dieses auch noch so wirtschaftsfeindliche Ziele gesetzt haben.

Die außerordentlich hohe Zahl der in den Betrieben der öffentlichen Hand beschäftigten Personen findet ihre Erklärung zum Teil darin, daß die Regiebetriebe zur Erzielung der gleichen Leistung ungleich mehr Arbeitskräfte einsetzen müssen als das bei der Privatwirtschaft der Fall ist, daß sie also gegen einen der fundamentalen wirtschaftlichen Grundsätze: höchstmögliche Produktion unter Einsatz geringstmöglicher Mittel, verstoßen. Außerordentlich interessante Einblicke in diese Verhältnisse gewähren die von Oberbürgermeister Dr. Krause, Schneidemühl, gelegentlich des X. Preußischen Städtetages erwähnten Veröffentlichungen des Berliner Stadtverordneten Dr. Michaelis über die Ergebnisse der Berliner städtischen Gaswerke gegenüber denen der gemischtwirtschaftlich betriebenen Deutschen Gasgesellschaft, in denen folgendes festgestellt wird:

„In Berlin besteht das städtische Gaswerk mit einem Kapi-"
„tal von 300 Mill. RM., das noch im Jahre 1920 einen Zuschuß"
„von 20 Mill. RM. erforderte. Demgegenüber hat die Nach-"
„folgerin der früheren englischen Gesellschaft, die Deutsche"
„Gasgesellschaft, einen Überschuß von 20,3 Mill. RM. erbracht."
„Die Deutsche Gasgesellschaft ist ein gemischtwirtschaftliches"
„Unternehmen zwischen Kommunalverbänden und der Kon-"
„tinentalgasgesellschaft in Dessau. Ihr gehören an die Orte"
„Wilmersdorf und Schöneberg und der Kreis Teltow. Anlage-"
„kapital 83 Mill. RM."

„Daneben hat dieses Werk noch 13 Mill. RM. Kommunal-"
„und Staatssteuern gezahlt und den Gaspreis um 15 Pf."
„niedriger gehalten als in Berlin, was einer weiteren Summe"
„von 22,5 Milli RM. entspricht. Dabei hatte Gaswerk Berlin"
„erheblich mehr Beamte und Arbeiter; auf 1 Mill. cbm Gas-"

„erzeugung kommen bei Gaswerk Berlin 33,3, bei der Deut-" „schen Gasgesellschaft 20 Beamte und Arbeiter."

„Ähnlich liegen in Berlin die Verhältnisse auf dem Gebiete" „der Elektrizitätsversorgung. Auf 1 Mill. kWst kommen bei" „der Stromerzeugung durch das Berliner Werk 4,90, durch" „das gemischtwirtschaftliche Elektrizitätswerk Südwest 3,83" „Beamte und Arbeiter."

Es muß nun allerdings festgestellt werden, daß inzwischen bei den städtischen Gaswerken die Zahl der Beschäftigten absolut wesentlich abgenommen hat und daß infolgedessen und auch unter Berücksichtigung der gesteigerten Gaserzeugung die spezifische Leistung eine bessere geworden ist, ohne indessen die der gemischtwirtschaftlichen Unternehmung auch nur annähernd zu erreichen. Diese Verminderung des Personalbestandes war aber auch nur dadurch möglich, daß infolge der Zusammenfassung der früher selbständigen Vororte in die Einheitsgemeinde Großberlin sieben selbständige Gaswerke stillgelegt werden konnten, deren Produktion auf die Großgaswerke der Stadt übernommen wurde. Eine weitere Möglichkeit zur Personalverminderung gab die Verlängerung der Arbeitszeit, die bei gewissen Arbeiterkategorien bis auf neun Stunden ausgedehnt wurde. Bei den Elektrizitätswerken ist dagegen die Zahl der beschäftigten Personen seit ihrer Überführung in eine rein städtische Betriebs-A.-G. ganz wesentlich gestiegen, nämlich von 3500 bei einer Stromabgabe von 430 Mill. kWst auf 4800 bei einer Stromabgabe von 662 Mill. kWst im Jahre 1925. Das entspricht einer Erhöhung der spezifischen Arbeitsleistung, bezogen auf eine Million kWst, von 8,1 auf nur 7,2 beschäftigte Personen, wobei zu bemerken ist, daß auch bei den Elektrizitätswerken eine Verlängerung der Arbeitszeit eingetreten ist, und daß bei der Bildung der Einheitsgemeinde Großberlin sechs selbständige Elektrizitätswerke von elf überhaupt vorhandenen stillgelegt werden konnten.

IX. Allgemeine finanzwirtschaftliche Bedenken gegen den Regiebetrieb.

Eine weit größere Bedeutung wie den sozialen Arbeitsverhältnissen kommt für die Beurteilung der Zweckmäßigkeit der in Frage stehenden Unternehmungsformen der allgemeinen Finanzwirtschaft und der Einstellung der einzelnen Unternehmungsformen zu ihr zu. Im Jahre 1913 betrug nach Helfferich das deutsche Volksvermögen etwa 330 Milld. RM., davon gehörten der öffentlichen Hand etwa 50 Milld. RM. oder etwas mehr als ein Siebentel. Nach Abzug der Schulden der öffentlichen Körperschaften jedoch nur 25 Milld. RM., also etwa ein Vierzehntel. Nach einer Schätzung des ausländischen Sachverständigen Alberti beträgt das heutige Volksvermögen etwa 250 Milld. RM., wovon nach dem bereits oben zitierten Prof. Dr. Julius Hirsch und Ministerialrat Falk der öffentlichen Hand 52 Milliarden gehören, also mehr als ein Fünftel. Davon entfallen allein auf die kommunalen Betriebe, für die früher ein besonderer Posten wegen der Geringfügigkeit in der Schätzung nicht eingesetzt war, nach den Angaben von Oberbürgermeister Dr. Most rund 5 Milld. RM. Während also das Volksvermögen einen Rückgang um rund 80 Milld. RM. aufweist, hat das Vermögen der öffentlichen Hand sogar um 2 Milld. RM. zugenommen. Wie bereits oben hervorgehoben wurde, vermag die öffentliche Hand zur Kapitalneubildung direkt nichts oder — im Vergleich zur Privatwirtschaft — doch nur außerordentlich wenig beizutragen, sie ist also in der Hauptsache eine tote Hand. Aus diesem Grunde ist eine fortschreitende Anhäufung von Vermögen in der öffentlichen Hand bei gleichzeitiger Verminderung des Privatvermögens ein außerordentlich unerwünschter, ja gefährlicher Zustand, und zwar ein Zustand von so weittragender Bedeutung, daß er allein für die öffentliche Hand Veranlassung sein müßte, sich von der Betätigung auf solchen wirtschaftlichen Gebieten zurückzuziehen und diese der hierzu viel besser geeigneten und berufeneren Privatwirtschaft zu überlassen, auf denen sich diese bisher mit gleichen oder besseren Erfolgen als die öffentliche Hand betätigt hat. Eine solche Emanzipation ist heute dringender als je, da die Betätigung der öffentlichen Hand auf wirtschaftlichem Gebiet in der Hauptsache mit Hilfe von Auslandsanleihen erfolgt, was — eben infolge des Fortfalls der Kapitalneubildung — eine gefährliche Weitertreibung der Verschuldung Deutschlands bedeutet. Es ist gewiß zuzugeben, daß die Knappheit auf unserem eigenen Geldmarkt die Zuführung fremder Mittel notwendig macht. Betrachtet man aber heute die Finanzgebarung der öffentlichen Hand, so kann man sich häufig des Eindrucks nicht erwehren, daß sie sich nicht in allen Fällen bewußt ist, daß sie mit der Aufnahme von Anleihen das pflichtenschwere Amt eines Treuhänders und Verwalters fremden Geldes übernommen hat. Die Bedeutung dieses außerordentlich verantwortungsvollen und für unsere künftige wirtschaftliche und nationale Entwicklung so ausschlaggebenden Amtes sollte sie sich bei allen ihren Wirtschaftsmaßnahmen als oberste Richtlinie dienen lassen, nicht zuletzt auch bei der Entschließung der Frage über ihre Betätigung auf dem vorbehandelten Gebiet.

GPSR Compliance

The European Union's (EU) General Product Safety Regulation (GPSR) is a set of rules that requires consumer products to be safe and our obligations to ensure this.

If you have any concerns about our products, you can contact us on ProductSafety@springernature.com

In case Publisher is established outside the EU, the EU authorized representative is:

Springer Nature Customer Service Center GmbH
Europaplatz 3
69115 Heidelberg, Germany

Batch number: 10844623

Printed by Printforce, the Netherlands